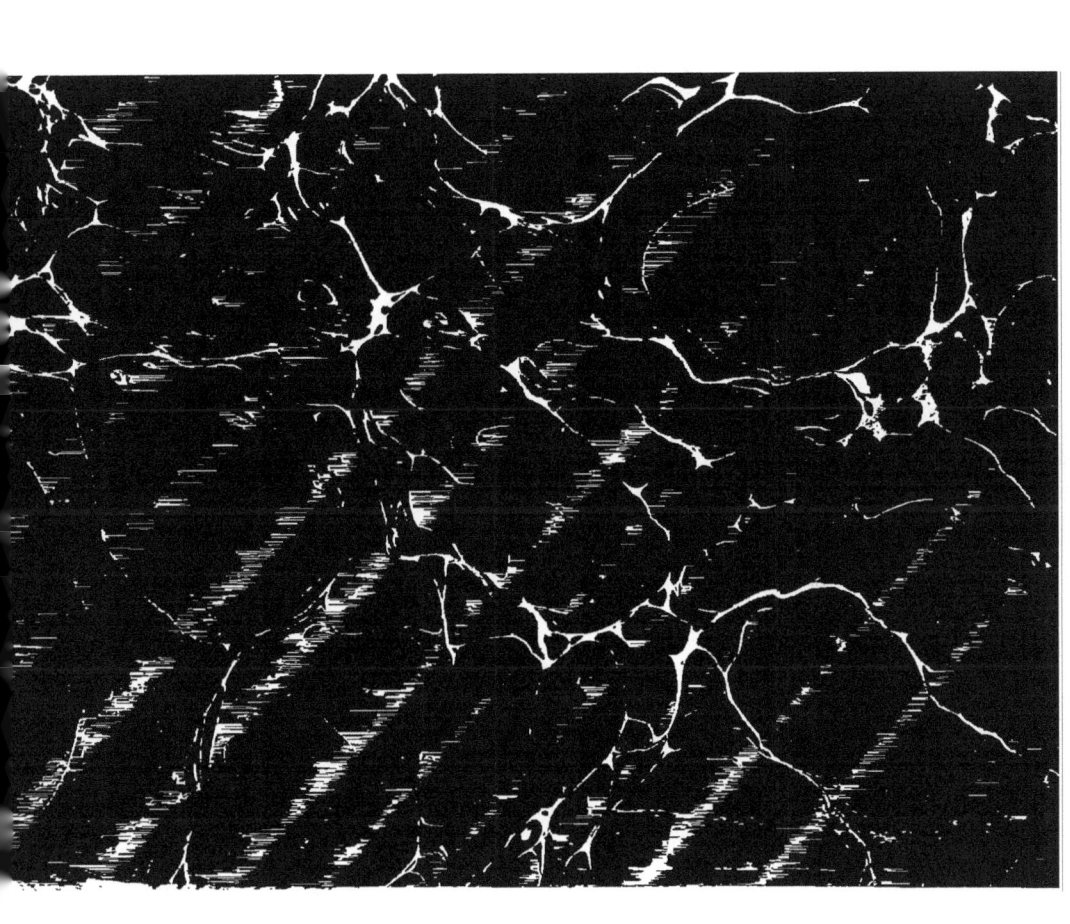

1932

LEÇONS ÉCRITES

SUR LES

SONATES POUR PIANO SEUL

DE

L. VAN BEETHOVEN

E. ET A. GIROD, ÉDITEURS, BOULEVARD MONTMARTRE, 16, A PARIS.

COLLECTION COMPLÈTE
DES
OUVRAGES DE BEETHOVEN
gravés entièrement à neuf.

ORNÉS D'UN TRÈS-BEAU PORTRAIT LITHOGRAPHIÉ PAR VOGT, REVUS ET SOIGNEUSEMENT CORRIGÉS PAR C. HALLÉ

PRIX DE CHAQUE CAHIER PRIS SÉPARÉMENT : 10 FR.

1er CAHIER.
(*Trios*).
Op. 1. Trois grands trios, pour piano, violon et violoncelle, en *mi bémol*, *sol*, *ut mineur*.

2e CAHIER.
(*Trios*).
Op. 11. Trio pour piano, violon, violoncelle ou clarinette.
Op. 97. Grand trio pour piano, violon et violoncelle.

3e CAHIER.
(*Trios*).
Op. 70. Deux trios pour piano, violon et violoncelle.
Op. 83. Petit trio en *mi bémol*.

4e CAHIER (piano et violon).
Op. 5. Deux sonates pour piano, violoncelle ou violon.
Op. 17. Sonate, piano, et violon, ou alto, ou cor, ou violoncelle en *fa*.
Op. 23. Sonate, piano et violon, dédiée au comte de Fries.

5e CAHIER (piano et violon).
Op. 12. Trois sonates dédiées à Salieri, *ré*, *la*, *mi bémol*.
Op. 24. Sonate en *fa*, dédiée au comte de Fries.

6e CAHIER (piano et violon).
Op. 30. Trois sonates, à l'empereur Alexandre.
Op. 47. Grande sonate, à Kreutzer.

7e CAHIER (piano et violon).
Op. 69. Grande sonate, piano et violoncelle.
Op. 96. Sonate en *sol*, piano et violon.
Op. 102. Deux sonates, piano et violon, ou violoncelle.

8e CAHIER.
(Sonates pour piano seul).
Op. 2. Trois sonates dédiées à Haydn.
Op. 7. Sonate en *mi bémol*.
Op. 10. Trois sonates en *ut mineur*, *fa*, *ré*.

9e CAHIER.
(Sonates pour piano seul).
Op. 13. Sonate pathétique.
Op. 14. Deux sonates, *mi*, *sol*.

Op. 22. Sonate en *si*.
Op. 26. Sonate et marche funèbre.
Op. 27. Deux sonates fantaisies.

10e CAHIER.
(Sonates pour piano seul).
Op. 28. Sonate en *ré*.
Op. 31. Deux sonates, *sol*, *ré mineur*.
Op. 33. Sonate en *mi bémol*.
Op. 35. Sonate andante en *fa*.
Op. 49. Deux sonates, *sol*, *sol mineur*.

11e CAHIER.
(Sonates pour piano seul).
Op. 53. Sonate en *ut*.
Op. 54. Sonate en *fa*.
Op. 57. Sonate en *fa mineur*.
Op. 78. Sonate en *fa dièse majeur*.
Op. 79. Sonatine en *sol*.
Op. 81. Les Adieux, sonate en *la*.

12e CAHIER.
(Sonates pour piano seul).
Op. 90. Sonate en *mi*.
Op. 101. Grande sonate en *la*.
Op. 106. Grande sonate en *si*.
Op. 109. Sonate en *mi*.

COLLECTION COMPLÈTE DES 9 SYMPHONIES A GRAND ORCHESTRE,
GRAVÉES EN PARTITION.
NOUVELLE ÉDITION, FORMAT IN-8.

PRIX DE CHAQUE : 7 fr. net.

N°1. En *ut majeur*.
2. En *ré majeur*.
3. Héroïque en *mi bémol*.
4. En *si bémol*.
5. En *ut mineur*.

N° 6. Pastorale en *fa*.
7. En *la majeur*.
8. En *fa majeur*.
9. En *ré mineur*.
10. Avec chœur.

LA COLLECTION ENTIÈRE
50 fr. net.

Les mêmes, arrangées pour piano à 4 mains par C. Czerny. — 6 fr. net chaque.

COLLECTION COMPLÈTE
DU SEPTUOR, DES DEUX QUINTETTES, DIX-SEPT QUATUORS ET QUATRE TRIOS
POUR INSTRUMENTS A CORDES
GRAVÉS EN PARTITION
ÉDITION DÉDIÉE AUX CONSERVATOIRES DE FRANCE ET DE BELGIQUE.

QUATUORS.

Op. 18. N° 1. En *mi*.
— 2. *sol*.
— 3. *ré*.
— 4. *sol min*.
— 5. *la*.
— 6. *si b*.
59. 1. *fa*.
— 2. *mi min*.
— 3. *ut*.

Op. 74. En *mi b*.
95. *fa min*.
127. *mi b*.
130. *si b*.
131. *ut dièse*.
132. *fa min*.
133. *si b*.
135. *fa*.

QUINTETTES.

Op. 4. En *mi b*.   Op. 29. En *ut*.

TRIOS.

Op. 4 ou 9. N° 1. En *sol*.   Op. 4. N° 3. En *ut min*.
— — 2. En *ré*.   8. Sérénade en *ré*.

SEPTUOR.

En *mi bémol*. 5 fr. net.

La collection 48 fr. net, et 2 fr. 50 c. chaque livraison prise séparément.

Paris. — Imprimerie de E. Donnaud, rue Cassette, 9.

A M. ERNEST LEGOUVÉ

de l'Académie Française.

LEÇONS ÉCRITES

SUR LES

SONATES POUR PIANO SEUL

DE

L. VAN BEETHOVEN

PAR

Madame Th. WARTEL

> Pour exécuter la musique de Beethoven, il faut la comprendre, en pénétrer la profondeur, oser, dans la conscience de sa propre initiation, s'avancer hardiment dans le cercle des apparitions magiques que son charme puissant évoque. Quiconque ne sent pas cette initiation en soi-même, quiconque traite la musique comme un jeu, comme un simple passe-temps dans ses heures d'oisiveté, et n'y voit qu'un moyen de charmer, pour un moment, des oreilles émoussées, que celui-là s'en éloigne et l'évite.
>
> HOFFMANN.
>
> (*Gazette musicale universelle de Leipzig, 1813.*)

PARIS

E. ET A. GIROD, ÉDITEURS

16, BOULEVARD MONTMARTRE, 16

1865

AVANT-PROPOS.

Il n'y a point de vérité absolue dans l'exécution de la musique instrumentale, chacun y doit apporter son individualité propre; mais nous croyons que la pensée est un don du ciel, qui se travaille pourtant ; ce n'est donc pas outrecuidance d'avoir entrepris ce travail sur le maître des maîtres. Nous ne trouvons pas d'orgueil à dire : Ce passage doit être ainsi ; — c'est ainsi que nous comprenons les immortelles œuvres de ce génie, que les siècles ne faneront pas. Ce sont les fruits d'une vieille expérience, et ce mot renferme assez de tristesse, pour qu'il lui soit permis quelques priviléges.

Lorsque l'élève se sera approprié complétement nos idées, il sera tout surpris de s'en trouver d'autres à lui-même; loin de comprimer sa personnalité (ce qui serait un crime de lèse-intelligence), nous l'aurons éveillée seulement en la dirigeant, et il aura une individualité à son tour.

On nous a dit souvent, soit en province, soit à la campagne, soit même à Paris : « *J'ai telle sonate, mais je ne sais pas comment elle doit se jouer.* » Nous croyons donc venir en aide aujourd'hui, aux personnes sans maître, en leur expliquant, si au loin qu'elles soient, comment, à notre point de vue, ces beaux ouvrages doivent s'exécuter, et leur en faciliter la partie du mécanisme, en leur enseignant de ces moyens que l'expérience donne, pour jouer aisément des passages qu'on croyait compliqués. Toutefois notre titre ne serait pas suffisamment justifié, si nous n'avions cherché à généraliser en même temps les observations que nous appliquions à des faits particuliers ; un enseignement n'est vraiment bon, qu'autant qu'il donne la manière de s'en pouvoir passer bientôt, et le talent grandit plus par la parole générale du maître, que par des remarques isolées. Car la meilleure des leçons est celle qui apprend l'élève à penser lui-même. C'est ce que nous avons essayé à faire de notre mieux, suivant nos moyens.

Nous croyons la publication que nous entreprenons d'une utilité réelle, nous en avons pu déjà apprécier les résultats (nous n'osons dire l'indispensabilité). Certainement une leçon écrite ne vaudra jamais une leçon orale dans laquelle on peut joindre l'exemple au précepte ; mais elle a d'autres mérites : celui de rester là, présente, sans pouvoir s'oublier, comme une parole du maître, qui s'envole trop souvent, et de pouvoir s'envoyer dans une lettre, par la poste. Enfin elle donne à l'élève l'habitude d'examiner par lui-même, et, nous le répétons, c'est par cette habitude constante, qu'un exécutant arrive au talent.

Th. WARTEL.

QUELQUES MOTS SUR LA MUSIQUE INSTRUMENTALE

ET

SUR LA MUSIQUE DE PIANO EN PARTICULIER.

Nous vivons dans un siècle éminemment analytique. De ce fait, nous ne concluons pas comme tant d'autres, qu'aux temps de décadence on se tourne volontiers vers l'examen, et que les époques de stérilité sont d'ordinaire les époques de la critique ; tout au contraire, comme prémisses de notre travail, nous poserons cette proposition, qu'il s'opère en ce moment une transformation dans le goût des masses. Il ne faut certainement pas trop se fier à l'amour de l'art, étalé par le vulgaire. Il ne lui demande souvent pas l'émotion, il ne lui demande que de la distraction à son désœuvrement, mais tout est éducation dans les questions de l'esprit, et si les Grecs du temps de Platon jugeaient tous bien de l'art, c'est que les rues d'Athènes étaient encombrées de chefs-d'œuvre. Les populariser, c'est les rendre petit à petit accessibles à la foule, et en parler, c'est les populariser déjà. Toutefois, en face de cette tâche, malgré son enthousiasme, on éprouve certain trouble devant la hauteur de l'œuvre, et certain embarras, à devoir séparer forcément dans sa parole cette trinité, qui s'explique tantôt avec des couleurs ou du marbre, tantôt avec des mots, tantôt avec des sons, et qui constitue l'art, c'est-à-dire l'idéalisation de toutes les beautés, de toutes les passions, de toutes les sensations, trinité sublime, qui ne saurait se diviser : que chacun emploie isolément des moyens divers, ils convergent tous à un but, si bien le même, que leur terminologie est la même également, et ceci est un fait assez intéressant, assez curieux, qu'il n'est pas un seul mot de leur technique à chacun, qui ne puisse être applicable à la technique de tous, et que tous s'enrichissent fraternellement ainsi du langage de chacun, langage d'autant plus coloré, qu'il n'appartient pas à l'idiome juste de la chose, ce qui le rend plus pittoresque. Par exemple : nous autres musiciens, nous nous permettons de trouver une exécution *terne*, ou bien nous lui voulons du *flou*, de la demi-teinte. Nous parlons peinture alors. — Et lorsque le peintre blâme une nuance discordante, criarde, fausse, n'est-ce pas des mots qu'il nous emprunte ? Il fait de la musique à son tour, et quels mots seraient aussi frappants que ceux-là ?

Oui, chacun de nous est dans tous, et si nous n'avons qu'un vocabulaire, c'est que nous ne faisons qu'un, que nous n'avons qu'un cœur, que nous n'avons qu'un génie, que nous n'avons qu'un but : l'idéalisation de toutes les beautés, de toutes les passions, de toutes les sensations, au moyen du son, de la couleur, du marbre et de la parole.

Mais notre langue, à nous autres musiciens, est de beaucoup la plus indéfinie, et son effet sur les âmes reste en définitive un mystère.

Ne sera-ce pas éternellement un phénomène inexpliqué, cet art, qui ne procède de rien de connu, qui est au-dessus de tous les langages, et dont la patrie est si bien l'idéal, que s'il veut être imitatif il perd sa puissance, et se rapetisse alors, si grande, si belle que soit, du reste, la chose imitée.

Il y a en poésie des mots qui saisissent plus ou moins les intelligences vulgaires; dans la peinture, il se trouve une reproduction de choses connues, applicables à des instincts médiocres, et qui peut les guider, tandis que la musique ne procède par aucune imitation, et s'adresse à l'imagination de l'auditeur, alors qu'elle est le produit de l'imagination de l'exécutant.

A ce point de vue, la musique instrumentale est la première de toutes, elle laisse derrière elle la parole, et commence là où finit la poésie, ayant un sens si indéterminé, que chacun peut l'approprier à l'état de son cœur, à ses pensées les plus intimes.

Si beaux qu'ils soient, les mots mis en musique ont une signification arrêtée. Ils s'adressent au sentiment qu'ils représentent, et posent ainsi eux-mêmes les limites de leur puissance ; la musique instrumentale, par un mystère indéfinissable et divin, s'adresse à la passion de tous, quelle qu'elle soit. Elle va la chercher au fond de notre âme, pour l'exalter et l'ennoblir. La musique instrumentale qui ne remplit pas cette mission suprême, cesse d'être de la musique, et devient un bruit, plus ou moins importun, de là l'ennui qu'elle inspire justement. Quelques-uns la regardent comme un délassement pour l'oreille. Des pédants en font une science exacte, et des charlatans un métier de jongleurs.

Malheureusement, l'étude du piano, comme celle de tout autre instrument, se scinde en deux parties : la partie spirituelle, et la partie matérielle, c'est-à-dire le moyen par lequel l'exécutant doit exprimer sa pensée. Cette partie matérielle, qui est l'étude du mécanisme, doit être travaillée avec un soin minutieux, de manière que l'auditeur le plus exercé n'y puisse pas trouver un défaut, qui serait une distraction à son plaisir. Un passage fait maladroitement, ou qui paraît difficile, détruit le charme qu'on exerçait ; là où il y a l'apparence d'un tour de force, même vaincu, la poésie perd ses droits, et ce mécanisme abrutissant si l'on s'y livre trop, et qui finirait alors par dessécher l'esprit, est indispensable à posséder complétement pour le pianiste plus que pour tout autre : lui seul, en effet, représente avec ses dix doigts l'orchestre, la symphonie; trop souvent on leur donne à tous la même intensité, le même sentiment; ils ne doivent presque jamais pourtant marcher de conserve, le cas du moins en est très-rare. Dans une œuvre bien faite, chacun a sa partie distincte, dont l'esprit est différent des autres.

Ces dix doigts-là, ce sont dix acteurs, dix combattants, dont les intérêts sont divers, et qui s'agitent dans une mêlée, souvent tout aussi grande que pas un final d'opéra; or, si tous font leur bruit de même façon, ce ne sera que tapage et confusion.

Tout au contraire, chaque doigt, c'est-à-dire chaque chanteur, doit avoir son caractère particulier : celui-ci pleure, tandis qu'en même temps cet autre est joyeux, celui-ci doit saillir tout à coup, pour rentrer ensuite dans l'ombre à son tour, et laisser la place à un autre récitant. Ils causent enfin, et, comédie ou drame, tour à tour ils doivent tout exprimer.

Ce n'est pas d'une médiocre difficulté, mais c'est tout bonnement ce qui nous sépare de cet instrument qui court la rue, notre triste confrère en fait de bruit sans cela.

Qui ne lui préférera donc Michel-Ange et le Dante? et je vous le dis en vérité, de ceux-ci nous parlons le langage magnifique, notre idiome seul est différent.

Ma conviction sur ce point est si vive, que je considère les études littéraires, celle des grands poëtes, des grandes peintres, comme plus utiles au jeune musicien, que celle de la musique elle-même.

Pour aller plus loin que tous, il faut avoir tout appris, et Beethoven n'aurait pas écrit la 9e symphonie s'il n'avait étudié que des musiciens.

C'est par l'examen des chefs-d'œuvre qu'on apprend, à son insu même, le grand art d'interpréter d'autres chefs-d'œuvre, et c'est là un phénomène étrange qui glorifie l'intelligence humaine. Certes dans une œuvre d'exécution, préalablement à tout, il y a l'intention de l'auteur, qui se doit complétement respecter, c'est là, ce qu'on nomme la correction; toutefois, si on ne la dépassait point, il ne vaudrait guère la peine, par le temps de *pianisme* qui court (puisque nous devons parler spécialement de pianisme), de venir se joindre aux 3 ou 4,000 personnes peut-être qui exécutent chaque année les plus populaires d'entre les chefs-d'œuvre. Il est à croire que chacune d'elle, après lui avoir donné d'abord cette correction indispensable, y ajoute son individualité, enrichissant l'auteur des propres richesses de son esprit et de son cœur, lui faisant dire parfois ce qu'il n'a pas pensé, faisant enfin de cette œuvre une œuvre nouvelle, que peut-être vous ne reconnaîtrez pas, et ceci est le génie d'exécution, génie créateur aussi, génie créateur toujours, car il restera éternellement du neuf à dire sur ce grand mystère qu'on appelle l'âme humaine.

Il n'y a donc pas de vérité absolue dans l'exécution de la musique instrumentale; c'est là sa grandeur, c'est là son danger.

N'ayant point de programme écrit en langue vulgaire, la musique instrumentale dépend plus que toute autre musique, du génie de l'exécutant. Si, par impossible, il ne lui apportait pas une partie de son âme, fût-ce le plus beau chef-d'œuvre, il ne représenterait rien que du bruit.

C'est au contraire une étude poétique et séduisante, celle qui ne s'adresse qu'à la fantaisie personnelle ; toutefois, si belle que soit votre intelligence, vous imiterez longtemps avant de savoir être vous-même ; mais vous serez vous-même bien plus tôt, si vous avez pris tout d'abord l'habitude de l'examen.

Fuyez le bruit, l'art n'est pas là.

Le bruit, c'est la palette du peintre, encombrée de couleurs pêle-mêle. — Ce n'est point un tableau, cette palette ? Eh bien ! le bruit n'est pas de la musique.

Pénétrez-vous d'abord de l'esprit de l'œuvre que vous voulez représenter.

Réglez ensuite chacun de vos effets, arrêtez bien toutes les plus légères nuances, placez chaque note dans le jour qui lui est propre, fixez tout, ne laissez rien au hasard, mettez enfin « l'œuvre en scène », comme on dit au théâtre, imitez le poëte qui fait répéter son drame en groupant les acteurs d'une façon immuable. Il n'est pour lui de parfaite exécution qu'au prix d'une telle étude, et encore se sert-il de la parole, de la parole humaine, qui, plus ou moins, est comprise de tous.

Nous, notre langue n'est pas de ce monde, combien doit-elle être plus expressive, pour qu'on l'entende, pour qu'on en soit touché !

Pas de bruit, pas de bruit, seulement quand il faut, quand il a raison d'être, ne le cherchez jamais. Cherchez l'émotion, l'effet viendra par elle, elle est le seul but du musicien.

L'étude préalable à toutes les autres études, doit encore être celle de la qualité du son. Elle correspond à l'étude de la voix pour les chanteurs. Trop souvent on s'obstine à le croire tout fait sur le piano : il est modifiable, au contraire, de mille manières différentes, à ce point que le pianiste habile doit le savoir changer complétement suivant le maître qu'il traduit.

Pour Mozart jamais le son n'aura assez de délicatesse, de ténuité, de prestesse, d'esprit (si l'on ose le dire) ; pour Mendelssohn, il doit être profond, singulièrement lié, avoir une sorte de mollesse, de *flou*, diraient les peintres. — Pour Beethoven, il faut savoir le varier constamment, suivant les passions qui s'entre-choquent sans cesse, car Beethoven c'est le Shakespeare de la musique et l'esprit reste confondu, s'il veut suivre ce grand homme dans ses enjambées de géant, depuis sa première époque, jusqu'à sa troisième.

C'est ce que nous essayerons de faire, aidée pour cela d'un long séjour en Allemagne, durant lequel nous avons, pour ainsi dire, vécu familièrement avec son souvenir.

Il est difficile aujourd'hui, bien que nous en croyions en France, de retrouver les traditions du maître, pour ce qui est des intentions et des mouvements : chacun dit avoir les vraies, et toutes sont contradictoires.

Mais il est un fait qui renferme tout :

Ce vaste génie aimait *laisser faire à l'exécutant*. Il comprenait la place que devait tenir sa propre création.

Il n'aimait pas les signes marqués, qu'il trouvait vagues et insuffisants, et avait les chiffres du métronome en horreur (Lenz, Schindler, tous l'affirment).

Celui qui comprend, disait-il, *n'en a pas besoin ; celui qui ne comprend pas, n'apprend rien par là.*

Nous voyons même qu'il n'aimait pas les romans bâtis sur ses œuvres, et que les demandes qu'on lui faisait *d'en donner la clef* l'irritaient.

Lisez Shakespeare, répondait-il vivement.

Un poëte de Brême, Carl Iken, eut l'idée malheureuse de rédiger des espèces de poëmes descriptifs pour les symphonies.

Le dernier de ces commentaires, nous dit Schindler, *épuisa la patience du compositeur, qui écrivit pour protester en termes polis, mais énergiques, contre les* ÉCLAIRCISSEMENTS *et* EXPLICATIONS *de ce genre donnés à sa musique.*

Comment, en effet, s'imaginer qu'on *éclaircit* une œuvre instrumentale, au moyen d'explications mélodramatiques, — traduisant des pensées musicales par des mots, l'amoindrissant si bien, qu'à force d'être éclaircie il n'en resterait plus rien ? Ce serait l'art renversé tout bonnement.

Les passions se traduisent avec des pensées musicales ; les pensées musicales ne se traduisent pas avec des paroles, par la raison que la musique est un langage purement esthétique. Elle conduit l'âme vers de certaines régions, elle fait germer dans l'esprit certaines pensées, mais elle ne les explique pas : elle les inspire, ce qui est très-différent.

Nous connaissons des intelligences d'élite pour qui la *Pastorale*, l'opéra 81, les Adieux, l'Absence et le Retour n'ont pas grand attrait.

C'est étrange, ce sont pourtant de rares chefs-d'œuvre.

D'où vient cela ?

Nous l'avons cherché.

Cela vient précisément de leur programme écrit, qui prive l'auditeur de faire le sien, et qui peut être même le dérange dans sa manière de les comprendre.

Consultez chacun sur l'interprétation qu'il donne à une symphonie.

Vous n'aurez pas deux réponses semblables.

Les âmes tendres et les cœurs préoccupés sont ceux qui y trouveront le plus de choses. Ce n'est pas qu'ils mettent de la passion à juger cette symphonie. C'est qu'ils appliquent cette symphonie à leur propre passion.

Elle représente suivant chacun :

La vie humaine, avec ses troubles et ses combats.

L'amour de Dieu !

L'amour de l'humanité tout entière.

L'amour d'un seul !....

N'ôtons donc pas à la musique instrumentale son caractère d'universalité. Ne lui ôtons pas l'infini, pour cela ne lui ôtons pas l'*indéfini*.

Pas de Programme : ou l'œuvre est mauvaise, ou chaque auditeur s'en fait un à lui-même, applicable à son génie, à ses instincts.

Pas de Programme : mais partout l'intérêt, l'émotion, le feu, la vie, la passion enfin, alors l'exécutant ne crée pas un drame, il en crée cent d'un coup, il en crée mille, il en crée autant qu'il y a là de cœurs pour l'entendre. Car il se trouve avoir parlé justement le langage qu'il fallait à chacun.

Cette influence magnétique, cette domination absolue, c'est la magie de la musique instrumentale, c'est ce qui fait sa grandeur, ce qui doit faire à nous autres exécutants notre orgueil et notre fierté.

Th. WARTEL.

DE LA MANIÈRE D'EMPLOYER LES PÉDALES.

C'est une question difficile à traiter rapidement que celle des pédales : leur emploi est si individuel, et leur effet si considérable, qu'il faudrait écrire un livre entier pour expliquer tous les écueils, toutes les ressources qu'elles présentent, et noter de quelle façon chaque maître les a comprises et employées.

Du reste, l'histoire de la pédale ne remonte pas bien haut, et si courte qu'elle soit, elle a dû traverser plusieurs modifications : à sa naissance, la pédale était loin de ressembler à ce que nous la voyons aujourd'hui ; ce n'était alors qu'un mécanisme placé sous le clavier de l'instrument, se pressant avec les genoux, et faisant relever les étouffoirs, qui n'avaient pas, du reste, grand'chose à étouffer, car ces petits clavecins aigrelets étaient sans souffle ni puissance ; aussi, chose remarquable, la pédale, à son origine, fut employée tout d'abord dans sa vraie acception : obvier à la séparation des notes, à leur sécheresse, éviter ce que nous appelons plus loin : *le refroidissement des sons entre eux*, cet éternel écueil du pianiste.

Il est si vrai que la 1re pédale n'avait pas pour but d'augmenter l'intensité du son, que Beethoven a indiqué le 1er morceau de la sonate en *ut dièse* (op. 27) *sempre sanza sordini*. Ce qui veut dire de conserver tout le temps, les étouffoirs levés.

Or, dans cette élégie sublime, il ne demandait pas du bruit, mais de la suavité, du *legato*, et la pédale qui lève les étouffoirs, qu'on indiquait par ces mots : *sanza sordini*, et que nous appelons aujourd'hui *grande pédale*, avait là pour objet d'empêcher les sons de paraître décousus, et les unissait généralement dans une sorte de *flou*.

Voilà comment les indications de pédales, placées dans la 1re période de l'œuvre beethovénienne, nous paraissent étranges, et mises à rebours souvent. C'est qu'elles ne voulaient pas dire alors, ce qu'elles ont signifié depuis.

Un autre exemple, entre beaucoup, existe dans la sonate en *la* b (op. 26), les trémolos **PP** de la *marche funèbre* sont indiqués *sanza sordini*, et de suite après des accords *forte* sont marqués *con sordino*, parce que le maître les voulait secs et détachés. D'après la manière dont nous traduisons maintenant ces mots-là, cela forme un contre-sens incroyable. Pourtant, il est bien certain que sur les instruments d'alors un trémolo n'était possible que les étouffoirs levés, et cela ne nuisait pas aux *PP.*, ces petits pianos étant sans foyer, sans éclat. Aujourd'hui encore, un tel passage n'est faisable qu'avec cette pédale, mais on lui unit la petite.

De transformation en transformation, le piano s'est fait enfin géant, et, chose étrange, c'est depuis que sa puissance de son est devenue immense, qu'on ne lui en trouve jamais assez, et qu'on ne met pas de limite au bruit qu'on lui veut faire produire.

La grande pédale, qui ne se devrait employer qu'avec la plus extrême circonspection, puisque ces formidables instruments soutiennent les sons avec l'intensité d'un orchestre, la grande pédale n'est trop souvent qu'un auxiliaire de tapage. Mise à tort et à travers, sans examen, la grande pédale inamovible, soutenue sur des gammes, des passages chromatiques, dissonants, arrive à produire un chaos véritable, puisque fort souvent tous les sons du piano, du bas en haut, se trouvent ainsi être en branle à la fois ; il semble vraiment que cette pédale qu'on a là, sous le pied, à proximité, est une chose inoffensive en soi, dont on se sert à son caprice, souvent même sans y penser, sans savoir qu'on la met, SANS ENTENDRE qu'on la met ! !

Cent fois mieux vaut ne l'employer jamais, si l'on n'a pas appris le grand art de la bien employer, car c'est l'une des parties les plus fines et les plus compliquées de l'étude du pianiste ; les signes au moyen desquels on l'indique, sont absolument insuffisants; pour mieux dire : il n'est pas possible de l'indiquer. C'est au pianiste rompu à son mécanisme, à ses ressources, de la placer suivant les effets qu'il veut produire.

Pour se servir complétement d'un piano de nos jours, il faut savoir jouer autant du pied que de la main ; cette grande pédale augmente, sur une note, la puissance du son, et à la note suivante, aidée de la petite pédale, elle sert à éteindre, à étouffer le son tout à fait, elle l'enveloppe de mollesse, et la petite pédale est deux fois plus douce combinée avec elle. C'est elle qui fait tout à coup étinceler une note éloignée, espacée ; elle est nécessaire aux notes délicates, qui seraient pointues sans son secours. C'est dans les passages d'infinie douceur qu'on en tire les effets les plus délicieux, dans une seule mesure vous l'ôterez et la mettrez 10 fois peut-être, aussi faut-il avoir constamment le pied au-dessus, tout préparé, et appuyer avec la plus extrême précision, car dans un accord arpégé, par exemple, si la pédale n'arrive qu'à la 2e note de l'accord, c'est un accord dénaturé, vous n'en avez plus que le 1er renversement ; il faut vraiment être un peu harmoniste pour mettre la pédale en toute connaissance de cause. Elle ôte aux valeurs leur roideur, leur inflexibilité, elle est toute-puissante sur des notes isolées, PIANO, elle les anime d'un souffle qui les rend vivantes, si l'on ose dire.

Elle est, cette pédale docile et précieuse, ce qui ne s'écrit pas, ce qui n'a pas de nom, et ce qui donne à l'œuvre son parfum et son individualité. Chopin ne la mettait pas comme Liszt, et Liszt ne la met pas comme

Thalberg, il n'est pas deux individus qui, s'ils la mettent bien, la mettent semblablement, parce qu'il n'existe pas deux êtres entièrement identiques, et qu'elle est justement l'expression du génie de chacun ; il est donc plus facile d'expliquer ce qui est défendu à la pédale, que d'expliquer tout ce qui lui est possible, parce que son domaine est infini.

Tout dépend, en premier, pour le pianiste, de l'école à laquelle il appartient, et plus tard tout dépendra de son propre génie.

3 SONATES (FA MINEUR, LA MAJEUR, UT MAJEUR), OP. 2.

DÉDIÉES A HAYDN

COMPOSÉES EN 1796.

Le Chevalier Seyfried a arrangé ces trois Sonates à orchestre.
L'adagio de la première a été arrangé pour le chant.
Il y a aussi un arrangement en quatuor, et un autre à quatre mains.

LEÇONS ÉCRITES

BEETHOVEN

SONATES.

Qui ne sait ce que c'est qu'une Sonate, un Trio, un Quatuor? qui ne sait que ce sont des symphonies faites pour la chambre, interprétées par plus ou moins d'exécutants?

Ces symphonies de chambre ont la même coupe, les mêmes exigences, les mêmes beautés que les symphonies pour orchestre, même élévation de style, même idéalisme.

Ce sont des poëmes en musique, quelquefois poëmes épiques : il n'est pas d'épopée au-dessus de la symphonie héroïque.

Elles peuvent exprimer la passion dans tous ses développements au moyen de différentes parties, de mouvement tantôt vif, tantôt lent, dont la longueur indéterminée jusqu'à certain point, laisse une large place au génie.

Toutes ces œuvres, quel que soit le nombre des exécutants, se divisent d'ordinaire en quatre morceaux, en quatre parties. La première est comme le péristyle du temple, et doit déjà en annoncer les proportions. Cette partie se divise elle-même en deux moitiés.

Après que la première a expliqué le sujet du poëme, la seconde moitié vient travailler ce même sujet, elle l'étudie en tous sens, le retourne sous mille faces, le présente sous toutes les formes possibles, et souvent de cette idée en jaillit une autre toute lumineuse et toute neuve : grand art des épisodes dans l'unité, où Beethoven sera éternellement incomparable. C'est ici que l'auteur montre la profondeur de sa science de rhétoricien, de logicien, la clarté de son esprit, sa concision ; comme facture, c'est le cœur même de l'œuvre, que la deuxième moitié de la première partie.

Le second morceau, c'est l'adagio ; il semble le sanctuaire même, endroit sacré, où le poëte dépose les mystérieux parfums de son âme.

Le troisième morceau, qui change parfois de place avec l'adagio, est dans un mouvement animé, autrefois menuet, maintenant allegretto ou scherzo.

Ses allures sont lestes et légères ; c'est le sourire, c'est l'espérance, que ce charmant morceau qui peut se permettre tous les caprices et toutes les fantaisies.

Une petite reprise de caractère différent précède le retour *da capo* de la première partie. Cette petite reprise a gardé le nom de *Trio*, qui lui vient des menuets d'autrefois. Il n'y avait à ce moment que trois danseurs, et les autres se reposaient. Aujourd'hui même, pour une Sonate, on conserve ce terme, bien qu'il n'ait pas de raison d'être, parce qu'il fait comprendre à l'instant de quelle partie du morceau l'on veut parler.

Le quatrième morceau ou final est le couronnement de l'édifice. Sa tâche est la plus considérable (ce qui explique qu'elle soit souvent la plus médiocrement réussie). Arrivé là, l'auteur épuisé n'a plus de souffle et il est entouré d'écueils de toutes sortes.

La tonalité du final est la même que celle du premier morceau ; le mouvement est presque semblable aussi, et pourtant, il faut qu'il ajoute encore un intérêt de plus, à cette œuvre presque achevée déjà, dont il est chargé de dire le dernier mot.

Ce final, c'est le 5ᵉ acte d'un drame ; il en a les devoirs, il en a les dangers. Il dénoue l'œuvre entière, il l'explique ; de lui dépend le succès, et il doit tenir par des liens secrets à la conception générale du plan, de telle sorte qu'un final bien fait ne peut servir qu'à l'œuvre pour laquelle il a été conçu.

Chez l'incomparable maître qui nous occupe à cette heure, il n'est pas d'exemple d'un seul morceau qui se pourrait substituer à un autre, tant l'œuvre a d'unité, tant elle est d'un seul jet.

Comme tant de grands hommes, Beethoven a eu trois manières distinctes de se manifester.

Cela ne signifie pas qu'il ait suivi une voie naturellement progressive, et qu'il ait eu plus de perfection, à mesure qu'il approchait des derniers temps.

Tout au contraire, pour quelques-uns, pour beaucoup même, ses œuvres les plus complètes sont contenues dans la période des deux premières époques, et sans avoir le temps de discuter en ce moment un tel sujet, nous poserons cette proposition, que Beethoven n'a jamais progressé dans l'expression étroite du mot ; ses premières œuvres sont accomplies déjà, sont beethovéniennes déjà.

Continuateur du divin Mozart dans l'ordre du temps, il s'affranchit de suite de toute comparaison quant à l'idée, et c'est dans la forme seulement qu'il suit la voie tracée, mais il y court avec impétuosité, tout frémissant d'impatience d'en ouvrir une autre à la taille de son génie.

A notre point de vue, c'est surtout dans la forme que ces transformations se sont produites successivement.

Ce n'est donc pas *progrès* qu'il faut dire ici, c'est affranchissement, affranchissement du génie le plus indépendant, le plus spiritualiste qui ait jamais existé chez les musiciens ; de ce génie si prodigue, qu'il n'a pas eu une seule formule, et ne s'est pas ressemblé une fois. Comment se serait-il répété ? La vie lui était trop courte pour tout ce qu'il avait à chanter.

D'ordinaire, chaque maître a sa façon d'être lui-même, à quoi on le reconnaît tout d'abord : Beethoven, lui, se reconnaît seulement à ce que nul ne saurait être aussi grand. Génie de fécondité inépuisable ; nous ne lui connaissons ni expression préférée, ni locution favorite, et c'est seulement ce qui est gigantesque, que nous reconnaissons pour être beethovénien.

La deuxième manière, entée sur la première, c'est donc l'affranchissement de la forme et des harmonies, c'est le génie de l'idéalisme qui monte toujours de grandeur en grandeur à la recherche de l'infini.

La troisième manière, c'est ce qui vient fatalement après l'affranchissement, c'est la *licence*, licence sublime, mais licence pourtant. Et pour cette troisième époque, nous renverrons le lecteur à l'analyse de la Sonate Op. 101.

Cette troisième époque commence tout d'une pièce, à peu près du moins, et par cette raison elle est plus facile à classer. Pour la deuxième, c'est différent, elle ne se détache pas de la première à un moment donné, et par cela même, il est impossible de lui assigner une place fixe pour commencement ; il y arrive pas à pas. Pour tout dire d'un mot, la deuxième époque, qui est bien réelle, ne nous semble pourtant que l'épanouissement complet de la première, il y a marché dès le commencement du premier temps.

Presque tous les *adagio* de la première manière pressentent la seconde, en font partie même. L'orage y gronde partout déjà. A cette époque, le *scherzo* est créé. Seuls, les premiers et les derniers morceaux gardent l'empreinte du premier temps. Ils sont encore paisibles, bien que par moments le Lion y montre aussi sa griffe un peu.

Cette deuxième manière se manifeste donc de place en place depuis l'Op. 2 (commencement de l'œuvre pour piano), jusqu'à l'Op. 22, où la deuxième époque est tout à fait installée. Que de beautés neuves amoncelées durant ce temps !

Nous le répétons encore, on ne saute pas là d'un seul bond. On ne change pas de style comme on change de langage, comme on écrit en allemand, puis en anglais. Une telle transformation est le merveilleux produit du temps, des événements, de la vie enfin, laissant son empreinte de fer sur ce génie, qui, aujourd'hui, à si peu de distance encore, nous apparaît déjà comme fabuleux.

3 SONATES, OP. 2. — N° 1.

Allegro.

Le début de cette Sonate est plein de fraîcheur et d'élégance ; il en faut porter finement chaque note, et jouer le tout *piano*, en marquant délicatement les accents, et en observant la petite liaison qui se trouve sur la 2ᵉ, la 4ᵉ, la 5ᵉ et la 6ᵉ mesure. — Un léger *crescendo* conduit à l'accord de la 7ᵉ mesure, qui se fera *forte*, mais sans excès, et il y aura naturellement un petit temps d'arrêt sur le point d'orgue (la règle veut qu'on reste la moitié en plus de la valeur, note ou silence sur lequel le point d'orgue est placé ; donc ici, il est placé sur un soupir auquel on ajoutera un demi-soupir en plus). Après ce point d'orgue, le sujet est pris par la basse, et à la 3ᵉ mesure commence une formule en rondes, bien soutenues à la main droite, tantôt du pouce, tantôt du petit doigt, durant de petits groupes légers, qui ne doivent pas participer à cette tenue. — Ces deux accents opposés et marchant en même temps, devront être travaillés soigneusement. — Tout ce passage se fait en *legato* constellé seulement de temps à autre par quelques accents qui sont indiqués.

A la 20ᵉ mesure le *fa bémol* doit se prendre avec précaution ; il faut de la mélancolie dans ce petit dessin qui descend, et l'on appuiera avec une sorte de tendresse le *fa bémol* d'en bas. Mais sans y mettre de force, et la basse suivra ce même accent.

A la 26ᵉ mesure, voici d'autres groupes légers, en croches cette fois, qui conduisent à un *forte* complet. La gamme se descendra avec énergie, et les accents de la basse seront vigoureusement marqués. Puis tout à coup, et sans transition, voilà 2 mesures si *piano*, qu'elles seront seulement un murmure, et que le *fa* de basse n'aura qu'un très-petit accent. — Ce jeu se répète deux fois, et la gracieuse phrase de 8 mesures qui termine la reprise se jouera *mezzo voce*, sauf l'avant-dernier accord *fortissimo*, qui conduit à un autre très-*piano*, procédé tout particulier à Beethoven.

Après 6 mesures de rappel du thème, le dessin si mélancolique des noires, qui descendent sur un *bémol*, revient et s'établit cette fois, imité qu'il est ensuite dans la basse, qui doit lui conserver la même nuance. — Pendant que cette basse appuie avec expression le *fa bémol* à la 14ᵉ mesure de ce passage, la main droite doit marquer profondément le *si bécarre* lié à l'*ut*, qui doit se faire en expirant comme un soupir. — Deux mesures plus loin, le même accent très-tendre et très-triste, se reproduit sur *la ♮ si*. Ce passage s'en va *crescendo* en marquant fort les syncopes de la basse et les blanches de la main droite, puis il se fond dans un *diminuendo* murmuré par la main gauche, accentué par les noires de la main droite, se liant aux croches un peu enlevées. La blanche d'en haut, énergiquement attaquée, les petits trilles se détachant lestement durant les *ut* répétés de la basse et ce même *pianissimo* ira, petit à petit, petit à petit, en un insaisissable *crescendo*, rejoindre le motif du premier début, présenté *forte* cette fois.

Le reste de cette seconde partie reproduit absolumement la première, et subit les mêmes observations.

Adagio.

C'est avec un sentiment tout contemplatif que cet *adagio* se doit interpréter.

Il en faut appuyer les notes bien profondément, mais sans lourdeur, afin de donner au son quelque chose d'intime et de sombre, qui rappelle l'accent du contralto dans le médium de cette voix.

Le *grupetto* de la 1ʳᵉ mesure se fait sans vitesse, et la petite note qui le suit se doit briser, mais avec une grâce molle, qui n'indique pas la gaieté. Toute la 1ʳᵉ phrase sera *legato*, et seulement à la 3ᵉ mesure, les notes liées par deux s'exprimeront par un léger accent sur la première unie à la seconde. Cette 2ᵉ note se doit abandonner doucement sans être piquée, ce qui donnerait au jeu quelque chose de pointu, l'un des pires défauts au piano.

A la 6ᵉ mesure, il faut, sans faire positivement un *crescendo*, augmenter un peu, très-peu, à chaque temps, et arpéger doucement à la main droite le *do*, *sol*, qui commence le 3ᵉ temps, par la raison que la quinte juste est dure en elle-même, et que là ce n'est certes que suivre la volonté de l'auteur. — Cette 6ᵉ mesure et la suivante doivent finir la phrase avec beaucoup d'expansion, de tendresse, et ce même sentiment règne encore dans la 2ᵉ phrase, qui commence à la 8ᵉ mesure. Cette phrase ne sera jamais assez *legato*, ni dans la basse, ni dans la mélodie; les sons doivent aller de l'un à l'autre, sans que l'oreille en puisse apprécier le passage ; pour cela il faut ne pas lever les doigts du tout, et conserver à chaque note la plus parfaite égalité de mesure et de bruit. Les grupettes se feront doucement, sans hâte, et à la 12ᵉ mesure vient un *pianissimo* complet qui ramènera à l'octave d'au-dessus le charmant motif de commencement.

Cette période doit se dire avec une extrême suavité, un sentiment de repos et de quiétude. — Ici à la 17ᵉ mesure, la scène change, se dramatise, l'énergie arrive, il en faut même dès le début. Le *grupetto* de la 1ʳᵉ note aura déjà un tout autre accent : il sera plus bref, plus décidé. Le *ré* d'en bas, fait par la main droite, qui croise la gauche, se doit attaquer profondément, afin de mieux soutenir la mélodie dont il est la base ; on devra le conserver au moyen de la grande pédale qui se prendra juste en attaquant ce *ré* d'en bas, et se quittera à la fin de la mesure. La 3ᵉ, la 5ᵉ mesure se joueront de même. — Après la 6ᵉ mesure, le sentiment aimable qui domine tout ce morceau reprend le dessus, et la phrase se termine par un trait charmant, dans lequel chaque note doit tomber comme une perle. — Puis à travers des arabesques élégantes, qui se joueront délicatement, avec grande observance des plus petits accents, particulièrement lors des notes entrecoupées aux deux mains, le thème de l'*adagio* reparaît tout entier, enroulé dans une sorte de variation, dont la grâce est ravissante, et qui se développe toujours la même, et toujours nouvelle jusqu'à la fin.

Durant ce beau morceau, hors l'épisode en *ré* de la 16ᵉ mesure, qui est *forte* (et encore sans exagération), il ne faut faire aucune *grosse nuance;* le bruit serait hors de place au milieu des sentiments caressants qu'il exprime.

Seulement du charme, seulement de la grâce, *charme et grâce*, les deux plus grands talismans de l'artiste.

Minuetto allegretto.

Comme dans chaque menuet, il importe ici avant tout de rhythmer lestement la mesure. — La vivacité de son accent est dans la première note, sèchement piquée, suivie de deux autres dont la première est appuyée avec verve, et liée à la seconde, ensuite 4 noires *legato*, et le même accent répété. — Puis l'achèvement de la phrase avec une grâce vive et légère la petite note brève et très-brisée. — A la 12ᵉ mesure, la répétition de cette péroraison avec une nuance de tendresse de plus, et la petite note en note longue cette fois. — L'effet de la 2ᵉ reprise est tout dans les accents. Toujours la 1ʳᵉ des deux noires vivement sentie, la 2ᵉ un peu effacée, la 1ʳᵉ fin de phrase très-scandée, et la petite note brisée; la répétition de cette formule avec un sentiment de plus, très-*piano*, et la petite note en note longue, — le trait à l'unisson d'une limpidité parfaite, sans y marquer la mesure, et sans le moindre martellement dans les sons. — Enfin 13 mesures avant la fin, le rhythme énergiquement imprimé à la basse, imitation à la main droite, sans que l'une ou l'autre partie perde sa régularité, ni la vivacité de son accent.

Enfin les trilles rapides et bien serrés, — puis la fin de la phrase répétée toujours par son gracieux écho — deux accords *pianissimo* et c'est tout.

Le *trio* est tel qu'une eau bien claire, qui coule calme et limpide, sans aucune aspérité dans sa route; le *legato* doit être si extrême, que le changement d'une note à l'autre doit passer inaperçu, ce n'est qu'un murmure vague dont rien ne doit altérer la frêle délicatesse. — A la 5ᵉ mesure la basse est chargée de l'imitation de ce dessin; il la faudra bien travailler. Et durant ce temps, la main droite poursuit une mélodie suave, que la main gauche avait ébauchée déjà, car les deux mains changent absolument de partie, et c'est un effet qu'on doit bien faire saillir d'une et d'autre part. — A la 2ᵉ partie de ce *trio*, le trait entendu en sixtes dans le menuet, se reproduit en accords de sixte cette fois, c'est-à-dire avec tierces; ce qui, dans le mouvement, est extrêmement incommode à bien jouer.

D'où il s'ensuit que cet aimable menuet, qui ne semble que gracieux, et qui fait peu de bruit, est l'un des plus difficiles de Beethoven.

Prestissimo.

A notre sentiment, ce final et celui de l'œuvre 33, sont les plus achevés, les mieux réussis qu'ait jamais écrits ce grand homme. L'unité de pensée en est admirable, le charme s'y unit à la vivacité, tout vient d'abondance, et la verve ne saurait aller plus loin.

Il faut enlever ce petit morceau exquis avec délicatesse et fougue en même temps. La basse anime la mesure de son rhythme pressé et la main droite plaque, en y touchant à peine, de petits accords qui semblent des étincelles. — 3 *piano*, — 3 *forte*, — toujours ainsi.

A la 6ᵉ mesure, malgré la prestesse, ou plutôt à cause de la prestesse, les petits accents sur chaque première noire de la mesure doivent être vivement appuyés; ces 4 mesures se disent avec décision, les trilles sont jetés lestement et cette adorable phrase de 8 mesures s'en va d'un train cavalier retrouver le thème, et tout à coup se jette sur une longue gamme descendante, qui doit ruisseler limpide et brillante, et conduire à une phrase adorable de fantaisie et de brio. — On marquera les 1ʳᵉˢ de chaque trois croches, et même des deux mains en même temps, quand les triolets sont ensemble.

Les triolets de la main gauche finis, on continue de marquer avec feu ceux de la main droite, jusqu'à la 34ᵉ mesure, alors vient encore un autre dessin charmant. Car dans cet incomparable petit morceau, le génie est jeté à pleines mains. — Cette formule franche et carrée se doit dire avec une extrême décision et la plus grande chaleur.

Un merveilleux effet, c'est lorsqu'on recommence cette reprise et que le *pianissimo* de la rentrée succède sans transition aucune au *fortissimo* de la fin précédente.

Voici à la 2ᵉ reprise une longue période de 50 mesures, frais et riant repos, après cette fougue étourdissante.

L'exécutant, sans ralentir le rhythme, peut montrer dans cet épisode inespéré, toute sa grâce et toute son élégance. Le thème se ramène par un artifice absolument unique, et s'entrelaçant au motif de l'épisode précédent. — Plus loin, 8 mesures presque rêveuses malgré leur vivacité, sont suivies de la reprise du rhythme en triolets, et dans chaque mesure on devra marquer seulement *do-si-♮-do* à la main droite, — *do-si-♮-do* à la main gauche.

Enfin vers la rentrée, les noires d'en haut seules seront senties, et le *pianissimo* ira tout en mourant jusqu'à l'accord de *fa*, très-énergique et très-détaché.

Alors la 1re partie se répète complétement, et 8 mesures d'une *coda*, où le rhythme du *presto* sera très-scandé, avec des accords de basse bien décidés, termineront comme en traits de flamme ce merveilleux morceau, qui doit passer comme l'éclair.

---

3 SONATES, OP. 2. — N° 2.

Allegro vivace.

Tout le commencement de ce morceau doit se jouer *piano*, en notes piquées. Les seules triples croches se glisseront rapidement tout d'un trait, *legato*, et les octaves commençant à la 4e mesure, seront portées seulement.

Il faut observer soigneusement le petit accent placé sur la 1re note de la 8e mesure. Nous appelons ainsi ce signe *FP*, ne trouvant pas d'autre nom, et surtout pas de plus clair à lui donner.

En effet, ce n'est pas un *forte*; ce signe, chaque fois qu'il se produit, signifie simplement une note légèrement ou vivement accentuée, selon les cas. Mais seulement accentuée; c'est donc bien à dessein que nous employons le mot d'accent.

Dans un mouvement rapide comme celui-ci, il le faut indiquer en appuyant prestement le doigt sur la note sans aucune lourdeur, et sans arrêter sa course. Il importe de se bien approprier ces légers et courts accents, si familiers au suprême génie que nous étudions. Ils donnent à l'œuvre le rhythme et la vie.

A la 11e mesure de ce début, se trouve un petit dessin de 4 croches, qui d'abord ne paraît être guère qu'un accompagnement; cependant l'auteur l'a traité comme assez important pour le répéter à la mesure suivante, puis encore dans celle d'après, tantôt à la basse, tantôt en sixte de la main droite. Plus loin, et souvent, ces 4 croches qui commencent à moitié des premiers temps se retrouveront: chaque fois il faut les rendre distinctes, en indiquant fort légèrement la première, afin de la faire remarquer à l'oreille.

Ce sont des richesses que cette abondance d'intérêt dans les plus minimes parties, voilà ce qu'on apprend en cultivant le commerce des grands maîtres.

A la 11e mesure, commence un *legato* de 8 mesures qu'il faut observer.

Le *legato* est à peu près la plus grande difficulté du piano, parce qu'il va à l'encontre du défaut de l'instrument qui est la séparation des sons, c'est-à-dire l'impossibilité matérielle de les unir entre eux comme sur un instrument à cordes. Le vice de notre instrument, c'est qu'il est à touches simplement. Donc c'est à force de talent que l'exécutant doit cacher ce vice originel, en simulant la liaison complète, qui ne peut pas exister

Un bon pianiste qui procède sur un bon piano, doit faire illusion à l'oreille, à force de soin apporté dans la manière dont il conduit un son jusqu'à l'autre. Pour cela, il importe, avant tout, de ne lever les doigts que juste assez pour que la touche se relève; les lever au delà, est non-seulement superflu, mais nuisible à l'excès. De plus, c'est engendrer l'inégalité, puisque chaque doigt est de longueur différente. Les lever très-haut est le sûr moyen, par cette raison, de les faire tomber avec la plus parfaite inégalité.

Ceci doit s'observer dès les premières études du pianiste, et ce sera encore le continuel travail de sa vie. Mais c'est l'unique moyen d'obtenir cette exécution égale, liée, limpide, à la Field, à la Clementi, nos éternels maîtres en l'art du piano.

A la 32e mesure, surviennent, tantôt d'une main, tantôt de l'autre, des gammes brillantes et légères, à travers lesquelles passent en scintillant des notes détachées, qui, bien que *forte*, doivent être prises délicatement. Il faut avoir soin dans tout ce passage de ne pas ralentir la vivacité du temps.

Le *ritardando* est indiqué plus tard, et il en faut user très-sobrement.

A la 58e mesure, la phrase *espressivo*, qui commence alors, module sans cesse durant 18 mesures, et il faut lui conserver le caractère d'agitation que lui apporte cette continuelle indécision de tonalité. — L'accompagnement en batteries à la main gauche, doit disparaître, et se fondre en un murmure dans lequel pas une note ne s'entend isolément. — Le martellement dans l'accompagnement d'abord lui ôte sa mission modeste de soutenir la mélodie sans se faire remarquer aucunement, et produit ensuite la sécheresse, l'un des pires effets du piano mal joué. — A la 72e mesure, il faut jeter d'un seul jet les 4 triples croches *fortissimo*, et les *mi*, *ré* d'en haut se prendront délicatement, liés l'un à l'autre, *pianissimo* à la fin, comme des soupirs légers.

Le trait d'ensuite est si difficile, qu'il est presque impossible, si l'on n'a une très-grande main. Il est aisé d'obvier à cet obstacle, en prenant avec la main gauche la 1re double croche de chaque triolet. Il devient alors très-simple, et il vaut mieux employer ce subterfuge qui ne change pas une seule note, que de nuire à la vivacité et au *brio* de ces traits destinés avec les gammes suivantes, à terminer brillamment cette première partie. — Elle s'achève dans un *pianissimo* extrême, la partie d'en haut seule, bien marquée malgré sa douceur.

Les autres seront réduites à l'état d'accompagnement, seulement ; par le milieu, se devront faire entendre les croches, qui passent là comme des perles, toutes de même taille bien régulièrement.

A la 6e mesure après les 2 barres, il y a un *mi* tout seul, son effet n'est pas du tout indifférent; Beethoven aime ces notes isolées ; plus tard, il les a employées souvent. Elles ont l'attrait de l'inconnu, parce qu'en tant que notes isolées elles ne sont encore dans aucun ton. — Il les faut bien ménager, en les attaquant avec recherche et douceur. — Les deux petits accords qui suivent celle-ci sont aussi transitoires, ils n'appartiennent pas au ton où l'on va.

On ne doit pas attaquer un accord transitoire, comme on fait d'un accord définitif, qui exprime une tonalité franche : il faut garder à celui-ci quelque chose de vague et d'indécis, qui est son charme propre.

Après 8 mesures de tentatives, de retour au thème, survient comme épisode, une large et magnifique phrase en *la bémol* (nous avions raison d'appeler transitoire l'accord de *mi naturel mineur*, jamais on ne vint de plus loin).

Cette grande période 30 mesures doit se jouer avec noblesse et majesté. Les notes d'en haut ne seront point pointées, ce serait mesquin dans ce cas, mais *portées seulement*, pour leur donner plus d'importance.

Les basses seront énergiques, et l'accompagnement en doubles croches, à la partie intermédiaire, participera par un *forte* à la chaleur de l'ensemble.

Puis tout s'amortira et finira dans un *pianissimo*. Après 20 mesures de la rentrée, voici un passage d'imitation très-difficile et qui demande un grand travail. Les triolets en doubles croches, doivent d'abord s'enlever chaque fois lestement ; les croches doivent scintiller brillantes, n'importe où qu'elles soient.

Mais lorsqu'elles forment seconde partie, à partir de la 2e mesure, elles doivent laisser plus d'intérêt à la 1re partie, qui est faite par la noire d'en haut, et la croche qui termine le 2e temps. — Tout cela est complexe, et se complique encore à la 1re mesure de petites notes, difficiles à prendre bien juste. — Ce passage devra d'abord être appris par cœur. — Le même dessin, modifié, conduit au point d'orgue : toujours même vivacité des triolets, même scintillement des croches, abnégation complète de *ré*, *mi*, répétés durant 4 mesures avant sa fin, et qui ne seront rien qu'un murmure.

Le reste est la répétition de la 1re reprise, et reproduirait les mêmes observations.

Largo appassionato.

La mélodie de ce beau morceau doit être aussi *tenuto* que possible, ainsi que la 1re partie de la basse, et les doubles croches au grave complétement *staccato*. — La main droite, en jouant 2 notes chaque fois, devra observer de n'en marquer qu'une seule ; celle qui fait le chant à l'aigu. — L'autre, celle que joue le pouce, appartient à l'accompagnement, et ce nom indique qu'elle doit s'effacer devant la partie récitante. — A la 5e et 6e mesure, il faut de l'onction, de la chaleur sur le *si*, *si* d'en haut, mais cette fois, la basse participera dans son *sol*, *sol*, à ce mouvement de la mélodie, et la phrase s'achèvera en reprenant son calme et sa suavité. A la 8e mesure, 3 notes portées annoncent un épisode différent, et dans le fait, c'est dans une tout autre idée que commence ceci : il y a de l'esprit sur ces petits trilles bien brisés, répétés de parties en parties, et qui ramènent la fin du motif. — Cette fois, à la 5e mesure, la péroraison s'élève au sublime, et se doit dire avec largeur et émotion. Puis voilà une petite phrase toute gracieuse, toute mignonne, qui, toujours la même trois fois, doit à chacune augmenter de gentillesse, bien que son accent s'agrandisse à la fin et qu'il arrive au pathétique, dans la réponse qu'en fait la main gauche. — Après 3 mesures de ce jeu dans la basse, la main droite entre, sur un accord très-*pianissimo*, et commence une courte mélodie, adorable de grâce et de suavité, qui par un *crescendo* ramène au thème immuable. Cette fois l'épisode en *la* majeur se fait à la basse, et la main droite lui répond.

Après l'achèvement du motif, voici un nouveau petit dessin, tout charmant, qui conduit au motif, *mineur* cette fois et qui puise dans la modulation en *si bémol*, un effet tout nouveau de singulière énergie qu'il faut marquer avec feu. — Quelques plaintes de la main gauche, qui doit appuyer tendrement et mollement le *sol dièze* pour le conduire au *la blanche*, tandis que la main droite doit glisser sur les croches d'en haut pour leur donner de la mélancolie, ramenant le motif aussi *pianissmo* que possible, et il se termine comme un souffle.

On aura soin, 4 mesures avant la fin, d'indiquer, quoique *piano*, l'accent de la basse : 4 doubles croches liées, 2 détachées. — Peu d'adagios, de *largos* de Beethoven présentent autant de détails à observer que celui-ci ; souvent ce sont d'infiniment petites choses, mais c'est avec les infiniment petites choses que les grandes se font.

Scherzo.

Ce *scherzo* est un bijou.

Il faut jeter les petits groupes qui en forment la première partie avec une légèreté indicible. Cela ne doit pas être plus substantiel que les bulles de savon qui se lancent dans l'espace.

En l'étudiant, il faut penser à cette comparaison.

La basse, dans le peu d'accords qu'elle plaque, aura autant de délicatesse. — Lorsque le dessin arrive à la basse, il est difficile, mais indispensable de lui conserver le même caractère. — A la 12e mesure de la seconde partie, voici tout à coup une phrase absolument différente, aussi liée que possible, tendre, abandonnée, opposition adorable à ce qui précède et à ce qui suit.

La petite note de la 4e mesure ne se doit pas briser, et dans les 6 mesures de la fin, toutes les notes sont notes de mélodie, et blanches ou noires doivent chanter également, d'une même force et finir en s'éteignant.

La seconde partie a 4 mesures de plus que la première ; quoique *forte*, elle conservera, malgré les difficultés, la même délicatesse fine et légère.

Comme contraste, le *mineur* n'est rien qu'un effet continuel de *legato*, il faut seulement en marquer soigneusement les divers accents.

Rondo grazioso.

En marquant bien la 1re note de ce final, il faut s'élancer sur le premier *mi* d'en haut, et tous trois les rhythmer de suite, afin de scander purement cette mesure. — Mais le troisième de ces *mi* doit se lier profondément au *sol* d'en bas, qui doit être enlevé presque avec afféterie, tandis que le second *sol* blanche sera attaqué et appuyé avec la plus grande prétention. — Nous employons ces mots à dessein, afin de bien exprimer l'accent que nous demandons.

Il faut beaucoup de grâce dans ce final, et une grâce un peu *mignarde*, un peu *Watteau* et pas du tout beethovénienne.

A la 16e mesure commence un passage de 10 mesures, tout de vivacité légère, où le pianiste peut paraître avec élégance, mais la modulation *en mi* majeur avec la mélodie passionnée dans laquelle se doivent vivement serrer les brisés, est difficile à la basse, à cause des intervalles de 10e et de 11e qui, malgré l'éloignement, doivent être profondément sentis, comme étant les bases de l'harmonie.

La main droite marquera strictement toutes les syncopes, et tâchera d'isoler un peu la mélodie d'avec la basse, ou du moins de paraître le faire, ce qui s'obtient en faisant de l'accompagnement un simple murmure, tandis que les notes du chant s'en vont tranquillement, insoucieuses en apparence de la mesure, ce qui donne du vague, c'est-à-dire de la poésie à toute cette mélodie.

Après 2 mesures, qui, bien que marquées détachées, ne seront que portées, et *pianissimo*, la première partie s'achève par le retour du sujet principal.

Un épisode charmant se présente lors de la reprise : dans cette phrase, pleine de vivacité et d'entrain, toutes les notes sont notes de mélodie, et comme telles se doivent appuyer uniformément. Le tout est *fortissimo* avec un accent vigoureusement indiqué sur la 1re note du 4e temps, tandis que chaque accord de la basse est disposé pour marquer avec énergie le rhythme ainsi : 1, 2, *forte*. 3 en silences et 4 très-appuyé. — Dans la gamme chromatique de la 3e mesure chaque note des *triolets* est uniformément *forte*, et à la mesure suivante, la 1re note des 2e, 3e et 4e temps aura un accent très-prononcé qui donnera la vie à ce passage.

Naturellement c'est avec plus d'intensité à chaque fois que les accents se reproduiront durant toute cette reprise, et le *staccato* de la basse sera tout le temps vivement indiqué. La reprise suivante est uniformément *forte*, et *staccato*, sans nuance autre qu'un accent vigoureux sur les noires de la 2e et de la 4e mesure à la main droite.

Après 4 mesures de ce jeu, c'est dans un *staccato* plein de délicatesse quoique *forte*, qu'est ramenée la phrase d'auparavant. Alors, comme opposition, cette reprise se reproduit aussi *legato* et aussi *pianissimo* que possible. Puis après le retour du *fortissimo*, des arabesques délicates, légères, *pianissimo* et *staccato*, ramènent le 1er motif qui se doit jouer *forte* cette fois pour en varier l'effet. — Alors reparaissent les péripéties du commencement ; après l'épisode accompagné en dixièmes, le motif revient en notes entrecoupées, ce qui doit lui donner un attrait de plus, s'il est joué délicatement comme il convient. — Puis après ces syncopes et aussi après le retour nouveau du thème, la modulation très-inattendue qui touche à peine la tonalité de *fa* majeur, pour se fondre en une harmonie qui revient en *la* par une enharmonie, doit être indiquée d'une façon gracieuse et coquette. Alors les imitations brillantes des traits de la main gauche et de la main droite, donneront de l'animation à un motif représenté très-souvent et dont il faut tâcher de varier chaque retour. — L'épisode intermédiaire en *staccato* revient encore, et conduit dans un infini *pianissimo*, à la dernière fois du thème, qui ne doit plus être qu'un murmure à peine entendu. Dans les deux dernières lignes, il importe de marquer les accents par deux de la main droite, ce qui n'est pas sans difficulté, comme le *staccato* du dernier trait, et le tout finit *piano*.

SONATE EN UT MAJEUR, OP. 2. — N° 3.

Allegro con brio.

Le mouvement de ce premier morceau doit être vif et décidé, les notes marquées piquées doivent scintiller légèrement. Il sera difficile pour une femme de tenir le *si* ronde de la 3e mesure, soit à une main, soit à l'autre, et il sera préférable de n'en faire qu'une blanche plutôt que d'arpéger l'accord, ce qui se doit éviter toujours, si ce n'est pas marqué, attendu que cela change la pensée de l'auteur. — Du reste, il importe d'observer religieusement toutes les tenues qui se trouvent dans les 12 premières mesures et de les jouer *mezzo forte*, sauf les accents indiqués. — Le *forte* commence à la 13e mesure seulement et les 8 mesures suivantes se feront brillamment ; les 6 d'après devront être d'une extrême légèreté. Le petit trille d'en haut lancé bien lestement et les notes marquées par deux à la 22e mesure seront bien appuyées, finissant la phrase par une gamme lancée avec éclat. — Beaucoup de *legato* et de douceur dans la mélodie qui commence à la 27e mesure, et à la 3e beaucoup de *brio*. A la 47e mesure survient un charmant dialogue entre les parties dont il importe de faire saillir chaque réponse, c'est-à-dire les blanches et les noires, tandis que les croches de la mesure suivante restent notes d'accompagnement, sauf un léger *rinforzando* suivi d'un *decrescendo* qui, à la 55ᵉ mesure, ramène le dialogue commençant par la basse, cette fois =, après 8 mesures brillantes, survient un trait syncopé en descendant qui doit être fort rhythmé, avec des accents différents et bien sentis : *staccato*, la main droite et *legato*, la main gauche =. 13 mesures avant la fin interviennent de petits trilles qui doivent être bien serrés et faits avec énergie, comme ceux qui commencent la deuxième partie = ; qu'ils soient *pianissimo* ou *fortissimo*, il y faut mettre beaucoup de mordant et de prestesse, parce qu'ils durent peu=. A la 8ᵉ mesure après les deux barres, il faudra donner de la grandeur au long passage d'arpéges *forte* et *diminuendo* qui ramène le motif principal de la manière la plus heureuse. = Il faut jouer très-soigneusement, *dolcissimo* cette rentrée de 4 mesures, et bien observer les 2 mesures *forte;* ensuite, avec les 2 notes sèchement piquées au dernier temps =, les 2 mesures d'après tirent un grand intérêt des syncopes qui se doivent vivement marquer, chaque fois qu'elles se représentent. = A la 4ᵉ mesure commence une délicieuse imitation du thème principal, qui se fait moitié de la main droite moitié de la main gauche, à cause des tenues qu'il ne faut pas quitter =, et cet effet charmant se devra soigneusement étudier, pour qu'on n'entende pas la moindre différence d'une main à l'autre et qu'il paraisse produit par une seule main.= En descendant le trait qui amène la rentrée, il faut toujours beaucoup marquer les 2 croches sur lesquelles l'accent est placé et qui sont le relief de la phrase =. Ici le *piano* de la rentrée doit arriver brusquement sans aucun *diminuendo*, ensuite cette 2ᵉ reprise devient semblable à la 1ʳᵉ, et les mêmes observations y seront applicables. — 14 mesures avant le point d'orgue de la fin, arrive un beau passage d'accords arpégés qui se doivent, aidés de la grande pédale, jouer comme à l'orgue. Il faut, comme toujours, employer cette pédale avec le plus grand ménagement et ne la conserver que sur des harmonies semblables. Par exemple : durant les 4 1ʳᵉˢ mesures elle peut rester, puis durant 6 mesures de 2 en 2 mesures =; enfin, lors des 4 dernières, il faut la remettre au commencement de chaque mesure et l'ôter à la fin =. Il faut travailler le trait du point d'orgue lentement et finement sans lever les doigts, comme un simple exercice, en mettant, bien entendu, le pouce sur la dernière des 4 doubles croches, et, lorsqu'on le sait, le jouer extrêmement vite. Les 2 croches qui reviennent sans cesse après les doubles croches, en descendant, se devront piquer chaque fois en souvenir et en imitation du rhythme principal =.

Cet *allegro* appartient complétement à la première manière de Beethoven, ce qui s'explique du reste puisqu'il porte comme n° d'œuvre le chiffre 2.

Adagio.

Pour que la mesure de ce morceau soit suffisamment large, il importe de compter toutes les doubles croches, c'est-à-dire de compter deux fois 4 par chaque mesure.

Ce morceau n'est point traité comme Beethoven traite d'ordinaire l'*adagio*. Celui-ci ne se compose pour ainsi dire que d'une longue phrase, d'une éloquence souveraine ; il commence par une manière d'introduction en *mi* majeur, exorde magnifique pour préparer à une œuvre poétique. Il doit y régner une douleur extrême ; les notes d'en haut, qui forment mélodie, se doivent jouer onctueusement, sans y mettre rien de heurté ni de brusque, tout en soutenant bien le rhythme et sans détacher les croches qui commencent tous les deux temps.

A la 6e mesure, il importe d'appuyer un peu l'accord de la 7e dominante posé sur le *fa*, et qui forme la 8e double croche de la mesure; en se continuant à la mesure suivante, au moyen d'une liaison, il reçoit un intérêt de plus. Il importe de le bien lier à l'accord suivant, 2e double croche de la 7e mesure, et de détacher un peu cette 2e double croche.

Naturellement, à la 4e double croche de la même mesure, le même accent se marquera sur l'accord *mi*, *si* à la basse, *ré* bécarre *sol* à la main droite et s'éteindra dans l'accord suivant ; le même jeu se reproduira à la basse à la dernière double croche de la 8e mesure; là, ces accents sont à la main gauche, mais la main droite en a d'autres qui se doivent aussi distinguer. Les deux croches, suivies de doubles croches de la 9e mesure, ont des accents qui expirent sur les doubles croches ensuite. Alors commence le morceau dont nous n'avons eu jusque-là que la préface. L'accompagnement de triples croches doit disparaître complètement dans un *legato pianissimo* et se jouer de façon à ne former qu'un murmure dans lequel aucune note ne se puisse distinguer prise isolément.

La basse doit marquer profondément toutes les octaves qui se trouvent au grave et les jouer *forte*. A la 2e mesure apparaît le chanteur représenté par la main gauche croisée par dessus la droite. Rien n'est plus pathétique que ces plaintes chantées, pleurées à l'aigu, et il faut que l'exécutant y mette toute la chaleur de cœur que le bon Dieu lui a donnée. Il n'y en aura jamais trop, jamais assez. — A la 9e mesure, lorsqu'elles se trouvent en syncopes, l'émotion arrive à son comble, et l'exécutant, ému lui-même, doit émouvoir l'auditoire, car c'est là un de ces morceaux de musique instrumentale qui vont chercher la passion, quelle qu'elle soit, au fond de notre âme, et le cœur qui n'est pas touché de cet *adagio* ne le sera d'aucune musique possible. — Durant les syncopes de la main gauche croisant la droite, les cris arrachés par le désespoir augmentent d'intensité, le 4° sanglot qui tombe à la 2° mesure des syncopes sur *ré dièze mi*, doit, après un *crescendo* des trois premiers, se prendre avec explosion et désordre. L'intérêt doit aller croissant jusque-là, puis la basse revient à ses lourdes octaves du commencement, et les syncopes reviennent aussi jusqu'aux 2 mesures avant les 2 barres. — Alors la basse prépare par un *diminuendo* le retour du commencement, semblable en toutes ses parties, jusqu'à la 11° mesure, où il survient 2 mesures en *ut* majeur des plus inattendues, qui se doivent dire très-largement et très-énergiquement; puis reparaît après 2 mesures dont la tendresse est indicible et qui se diront, *pianissimo*, cette longue et sublime plainte, jouée en majeur, mais avec tant de dissonances, qu'elle exprime au moins autant de douleur que la première fois. On marquera toujours ce 4° cri, qui doit, comme plus élevé, dominer tous les autres.

Ce n'est pas précisément une mélodie, et c'est bien plus difficile à interpréter; on dirait d'une suite d'exclamations désespérées, et nous croyons lui donner son vrai nom en la nommant une plainte, la plus passionnée, la plus éloquente qui se puisse exprimer en musique.

Nous avouons notre insuffisance ici. Nos paroles ne peuvent être que froides et décolorées; nous prenons le scalpel pour analyser une œuvre brûlante, c'est presque un crime; en tout cas, c'est une impossibilité.

Nous avons indiqué les moyens matériels avec lesquels se joueront tels ou tels passages; quant à la couleur de l'œuvre, l'exécutant la trouvera dans sa propre émotion. S'il la joue avec amour, il la jouera bien, et il aura fait des progrès vers notre but, à nous autres artistes : la reproduction des sentiments idéalisés.

Scherzo.

La difficulté principale de ce charmant scherzo est dans les imitations parfaites des trois croches suivies de six noires qui commencent et se répètent sans cesse durant les deux reprises. Il y faut une légèreté extrême que n'entravent en rien les trois croches liées qui se font fort vite et fort nettement. Les blanches, par opposition, se doivent bien marquer chaque fois qu'elles apparaissent. Tout est *piano* dans la première partie, excepté les quatre mesures de la fin. La seconde partie commence *piano* également, mais à la 13° mesure les trois accords du haut se joueront *forte*, en détachant le premier des trois, pour bien marquer le second, en enlevant de nouveau le troisième et de même chaque fois que ce jeu se reproduit, — puis arriver au *pianissimo* complet avec petite pédale pour la rentrée, et ce qui a été observé dans la première partie est applicable de nouveau.

Le *trio* est l'un des plus ravissants qu'ait écrit Beethoven, et il ne se compose que de quelques arpèges (le génie est un mystère dans ses effets et dans ses moyens). Il importe de donner à ces arpéges une parfaite égalité de son, de mouvement, et surtout de soigner les passages du pouce qui ne se doivent point entendre. — Pour faciliter ce passage de pouce, il faut naturellement que la main soit un peu penchée de son côté, de façon à lui diminuer la distance. Les deux *mi* du haut formant la première note du dernier triolet de la 1re mesure et première note de la 2e mesure devront se marquer moelleusement comme des notes de mélodie, chaque fois qu'elles reviendront, ainsi que les premières notes des trois triolets qui forment l'avant-dernière et la dernière mesure, *mi, mi, ré, mi*. Il en sera de même dans la seconde reprise : il faut commencer par les deux *sol* d'en bas qui forment les premières notes de la 1re mesure, puis les deux autres *sol* du haut dans cette même 1re mesure, puis à la troisième les deux autres *sol* qui commencent les trois triolets, à la 4e *sol fa fa*, qui commencent les trois triolets aussi, à la 7e mesure les trois *la* commençant les triolets à la 8me mesure. Se contenter durant les 9e, 10e, 11e, 12e mesures, de marquer les *mi* d'en haut et les *mi* d'en bas, sans rien marquer au milieu ; — mais à la 15e et 16e mesure, les premières notes de chaque triolet faisant mélodie, se devront indiquer avec charme et élégance. Cette deuxième partie s'achève dans un *crescendo* très-marqué; les premières octaves de la coda sont énergiques, puis les blanches pointées se doivent bien lier sans lever les mains jamais, tandis que la basse marque le petit accent indiqué sur chaque première noire des mesures. — Un *diminuendo* finit ce morceau qui doit s'éteindre absolument.

Allegro assai.

Ce morceau est si vif qu'il faut le compter comme un scherzo, en frappant la première de toutes les deux mesures seulement et levant pour la seconde, sans quoi il sera toujours trop lent. Il faut y mettre une extrême volubilité avec une grande netteté, de façon que, malgré le mouvement, pas une note ne soit perdue.

Durant deux pages il n'y a point de *forte* véritable, mais seulement de légers *sforzando :* à la 19e mesure un *demi-forte*, et à la 25e un accent énergiquement marqué aux deux mains sur la première note de chaque temps, — accent qui se reproduit avec plus de durée encore à la 45e mesure et conduit à un presque *forte*. — Il se fera encore sentir sur la première note de la 63e et de la 65e mesure, et servira à donner de la vigueur et du rhythme à tout le passage, du reste extrêmement *staccato*.

Nous avons déjà expliqué le *staccato*, qui se fait sans lever aucunement le doigt, et en donnant de *très-près* sur la note un petit coup en même temps sec et léger.

A la 89e mesure ces accents se doivent encore observer, suivis qu'ils sont toujours de cinq notes *staccato*. Le passage suivant lié par deux, avec accent à la main droite et tout détaché de la main gauche, conduit à une mélodie qui doit se jouer le plus *legato* possible. De même lorsqu'elle se reproduit à la basse, accompagnée qu'elle est alors d'un accent léger de la main droite.

En général, dans tout le morceau, il faut marquer énergiquement et lestement la multitude d'accents qui s'y trouvent, et qui lui donnent la couleur et la vie.

Tout ce qui vient ensuite est la presque reproduction de ce qui a précédé.

Cinquante-quatre mesures avant la fin commence une cadence qui dure longtemps, en changeant de main ; elle se doit faire avec égalité, limpidité, tandis que la mélodie ne cesse pas de dominer.

A la 44e mesure il y a un passage d'une extrême difficulté qui demandera une étude soignée. A la 40e mesure, le trait montant se simplifiera en faisant la basse en tierces, d'où il s'ensuit qu'il ne restera plus qu'une note à la fin pour la main droite ; autrement, dans le mouvement, ce passage est presque impossible.

Le second trille se travaillera ainsi que le premier, la fin en est difficile lorsqu'il devient double et triple ; il finira *diminuendo*, préparant les *calendo* de la fin, après lequel les 7 dernières mesures se feront le plus énergiquement possible.

GRANDE SONATE EN MI BÉMOL, OP. 7,

DÉDIÉE A LA

COMTESSE BABETTE DE KEGLEVISC.

COMPOSÉE EN 1798.

Arrangée en Quintette, et le Largo pour le chant.

GRANDE SONATE, OP. 7.

Allegro molto con brio.

Cette mesure est si animée qu'elle se doit compter comme celle du scherzo : la première mesure formant le premier temps et la mesure suivante le deuxième, c'est-à-dire en contractant deux mesures en une seule. — Le commencement de ce morceau demande une grande délicatesse, et une verve légère mais grave. — Le premier accord de la première mesure ne sera pas plus fort que le second, qui se trouve dans la mesure d'ensuite. — Une série d'accords dont le deuxième est régulièrement plus faible que le premier, engendre une monotonie assommante; il est d'un bon style de soutenir les fragments du discours au même degré d'intensité sans affaiblissement, ce qui soutient le ton général, sans quoi cela produit l'effet insupportable d'un orateur qui laisserait tomber sa voix à chaque fin de phrase. — Cela s'entend parfois et cela est odieux. — Les vingt-quatre premières mesures toujours *legato* sont d'un seul jet limpide et doux, c'est une eau qui coule sans secousse, avec égalité de bruit et de mouvement, sauf de très-légers renflements de son qui sont indiqués. —

A la 25ᵉ mesure il faut appuyer avec fermeté l'accord placé sur le *ré bémol* de la basse et faire le second accord tout aussi fort. — La mesure suivante sera étincelante, et les octaves *pianissimo* seront piquées avec vivacité. — Ce même jeu sera reproduit plusieurs fois. — Après la 38ᵉ mesure il faudra marquer avec délicatesse l'accent placé sur la deuxième de chaque trois noires, alors la basse commencera un joli dessin où il faut mettre beaucoup d'élégance, surtout dans la manière un peu affectée dont on attaquera les *mi* noires, longuement tenus par des liaisons. — La manière mignarde, bien qu'un peu appuyée, de prendre ces *noires,* donne du relief à tout ce passage. — La main droite le répète ensuite tandis que la gauche dessine en notes *staccato*, un charmant contre-point, qu'il faut jouer en marquant les petits accents avec beaucoup de grâce et de coquetterie. Ce passage est brodé comme une dentelle, il y faut mettre la plus exquise finesse. — 4 mesures de *legato* parfait conduisent à une gracieuse mélodie de 8 mesures ; il faut avoir soin de faire un tout complet de ces 8 mesures; malgré les silences qui les séparent par deux fois, ces silences ne sont que les virgules de la phrase, car la musique a sa ponctuation. — Cette phrase forme un léger *crescendo* jusqu'à la 7ᵉ mesure, il faudra la dire avec agrément et animation. — Les 12 mesures suivantes en sont pour ainsi dire les variations, les accents sur le premier temps se devront bien observer. — Les petits traits d'octaves qui viennent ensuite, auront au milieu un *rinforzando* suivi de *diminuendo* qui leur donnera un peu de mouvement. — 32 mesures avant la fin de la reprise, la gamme chromatique montante devra être très-brillante et les brisés qui la suivent seront entièrement serrés et faits sans lever les doigts.—Il faudra animer la fin et beaucoup rhythmer les 10 dernières mesures. — La deuxième partie commencera comme la première, il y faudra observer la même égalité, et le même *legato* dans les gammes. — Le rhythme sera marqué par des accents indiqués avec verve et vivacité, il faudra bien ménager l'entrée *pianissimo* en *la mineur*, avec 3 bécarres à la clef, et la préparer par une intention gracieuse, en accentuant bien les petites syncopes qui la précèdent et qui finiront tout en *diminuendo* (sans *rallentando*). — Les effets reviennent ensuite tour à tour les mêmes.— 56 mesures avant la fin, il faudra prendre avec la plus grande vivacité l'accent marqué sur les croches. — Les réponses que se font ces syncopes, de mesure en mesure, sont très-piquantes et se doivent marquer avec esprit et avec feu, bien que sans très-grand bruit. — Le *fortissimo* commencé ensuite à la 3e mesure est tout à coup remplacé par une sorte de contre-sujet, qui monte au lieu de descendre. Le sujet fesait *sol fa mi do — la sol fa ré*. Le contre-sujet fait *si ré mi do — do mi fa ré — ré mi fa sol*.—Il faut rhythmer vivement l'accompagnement accentué de la partie intermédiaire, et ce sera difficile à bien faire, surtout quand cela arrive dans la basse. — Ici le *crescendo* doit être énergique, puis les syncopes reparaissent plus vivement exprimées encore, et tout à coup ce même jeu devient *pianissimo*, et durant 8 mesures il faut aller toujours *morendo*, avec la plus extrême délicatesse et le rhythme syncopé toujours aussi serré, ce qui est d'une exquise élégance. — Alors la fin de l'œuvre se jette, se lance avec tapage et fougue.

Largo.

Con gran espressione.

Ceci est un des beaux *largos* du maître ; jamais ce grand homme n'a trouvé une plus heureuse inspiration que cette mélodie entrecoupée, qui est pleine de larmes et de passion. Il faut, pour traduire les 8 1res mesures au piano, que le son de cet instrument se modifie complètement sous une pression profonde, sans secousse d'aucune sorte. Les croches qui suivent les noires ne seront pas quittées indifféremment, mais abandonnées seulement, et abandonnées avec une mollesse qui, loin d'être indifférente, leur donnera plus de sentiment encore. Jamais on ne fera trop pour cette phrase divine, il y faut mettre son cœur tout entier. — Après ces 8 mesures vient une idée plus riante : le poëte se rattache à la vie, il évoque des souvenirs pleins de charme, et l'on ne saurait mettre assez de grâce dans ces 6 mesures.

Mais le fantôme de bonheur s'envole dans un petit trait de triples croches, qui descendent liées brièvement aux doubles croches.

Ce petit trait, ce n'est rien. Ce n'est que le passage d'un sylphe, cela s'entend à peine, c'est un souffle ; mais la vision s'est évanouie, il ne reste que la solitude, que peignent si poétiquement ces notes qui se perdent dans l'espace. — Après 2 mesures d'énergie brûlante où les accords se doivent frapper de toute force, et presque durement, arrive par un *pianissimo* une phrase éloquente, qui a l'onction de la prière, il la faut accompagner de *staccatos* pas trop secs. Elle revient par 2 fois, interrompue à la 13ᵉ mesure par des unissons solennels : — *Sol, sol, sal, fa,* un souffle répond à l'aigu, et les 3 petites notes jetées dans l'air avec une finesse exquise, aussi *pianissimo* que possible, ont quelque chose de surnaturel, de tout à fait merveilleux. 6 mesures avant la rentrée, c'est-à-dire 3 mesures après ceci, il y a 2 mesures de notes brèves aux deux mains en imitation, qui se doivent jouer brutalement par opposition. Puis tout à coup et sans transition, les notes qui descendent seront *portées* et de plus en plus *piano* jusqu'au retour de la première phrase, qui se répète avec les mêmes épisodes.

19 mesures avant la fin, survient une phrase de désolation suprême commencée par la main droite, continuée par la main gauche ; ici le *crescendo* de la basse doit arriver à une puissance extraordinaire d'expression et même d'intensité, tous les sentiments contenus dans ce magnifique morceau viennent se dénouer là, sur l'accord de *sol* (13ᵉ mesure avant la fin) ; là, il y a un cri terrible d'un effet prodigieux, puis les *sol* commencent *pianissimo*. La basse jette quelques notes abandonnées qui sont des soupirs, et le tout s'achève dans des accents entrecoupés.

Ce morceau, où la plus sublime douleur s'unit à un charme ravissant, est de beaucoup supérieur au 3 autres. Jamais l'illustre maître n'est allé plus haut, et nous sommes à l'œuvre 7 seulement !!!

Allegro.

Mais qui doit avoir le mouvement du Scherzo.

Beethoven a souvent de ces éclairs, éclairs de génie ; après un *adagio* saisissant, qui peint les désordres d'une âme troublée, sans transition aucune, voilà le plein soleil, des sentiments innocents et gracieux. Il y a quelque chose de doux et de souriant dans cette exquise mélodie, il y faut un charme extrême, et les 4ᵉ, 5ᵉ, 6ᵉ mesures doivent être légères comme des papillons. — Les 6 dernières mesures s'achèvent avec un certain brillant, et le tout sera rhythmé lestement.

La 2ᵉ partie est charmante, avec ces imitations qui se doivent vivement marquer au moyen de chaque première légèrement accentuée. Il faut mettre de l'abandon dans la fin de cette phrase qui ramène le thème *pianissimo*. —

Il y a une lueur de mélancolie à faire sentir à la 27e mesure lors du mineur. = Le *pianissimo* suivant doit être aussi fin que possible, et la gaieté riante reviendra pour la fin qui se doit lancer légèrement.

Le *minore* ou *trio* est une vraie perle ; son charme est inexprimable, car il est complétement vague et indéfini. Le 3e croche de chaque groupe est note de valeur, c'est elle qui est chargée de la mélodie ; cette troisième note de chaque groupe se doit donc marquer, et comme elle tombe à la partie faible du temps, elle donne à la mesure une inégalité, une indécision ravissante. Hors ces 3es croches, il faut partout uniformité de son et de mouvement, user tress-obrement des nuances marquées, hormis 28 mesures avant la fin, où le *crescendo* précédent conduit, à un *forte* complet qui dure 2 mesures, sans préparer du tout le *piano* suivant, qui arrive tout à coup à la manière Beethovenne. = 14 mesures avant, la fin du nouveau *crescendo* amène avec chaleur un *fortissimo* qui terminera l'œuvre avec feu. Les 10 dernières mesures ne sont plus rien qu'un murmure : le souvenir effacé d'un chant qui n'est déjà plus.

Rondo.

Poco allegretto e grazioso.

Ce morceau est empreint d'une grâce aimable qu'il faut soigneusement lui conserver.

Il n'est rien de plus riant que son début, il semble d'une causerie de bon goût. A la 16e mesure, les traits entendus déjà, se répètent par la main gauche, avec une certaine énergie, à laquelle répond doucement la main droite. Il ne faut rien là de brusque, ni d'extrême, les sentiments sont seulement suaves et doux; il ne faut pas exagérer les *forte*, tout doit concourir à l'agrément général, sans y apporter jamais le trouble ni le contre-sens.

Le pianiste y trouvera des effets de délicatesse, agréables à rendre, car jusqu'aux 2 barres du mineur, tout y est finesse et légèreté.

Cette reprise appartient encore aux sentiments tempérés; il y règne peu de passion, mais beaucoup d'énergie.

La basse ici participera même à l'effet général, et jouera *mezzo-forte*, puis *forte* ensuite avec la main droite.

C'est un effet tout musical, combiné pour faire briller l'instrument. Assurément c'est bien réussi ; rien n'est plus charmant que ces deux reprises, et que le babillage tout de grâce et de délicatesse qui ramène le spirituel discours du commencement.

A la 22e mesure, après le retour du thème, le rhythme change avec tant d'art que, loin d'être une brusquerie, c'est une grâce de plus que ces petits groupes légers qui, bien scandés, quoique *piano*, donnent au mouvement quelque chose de plus leste encore.

25 mesures avant le point d'orgue, il est de toute obligation de serrer vivement les petits trilles placés tantôt à la main gauche, tantôt à la main droite; là encore, comme couleur nécessaire à cette phrase, il faut faire sentir extrêmement le rhythme, le rhythme cette inépuisable, cette éternelle variété de la musique.

8 mesures avant le point d'orgue, les syncopes se devront, comme toujours, bien indiquer, mais pour se fondre ensuite avec une adorable élégance dans la fin gracieuse de la phrase. — Puis, 18 mesures avant la fin, voici une *coda* qui tout à coup amène, pour la 1re fois, la tendresse dans cette œuvre aimable et légère. Elle est d'autant la mieux venue, qu'elle était inattendue, cette phrase toute délicate, et toute fraîche ; il faut donc, en maintenant la basse dans une ombre complète, lui laisser répandre, sur la fin, son éloquence et son parfum.

3 SONATES (UT MINEUR, FA MAJEUR, RÉ MAJEUR), OP. 10,

DÉDIÉES A

MADAME LA COMTESSE DE BROWNE.

COMPOSÉES EN 1799.

L'Adagio de la premiere Sonate a été arrangé en chœur (Agnus Dei)
avec orchestre;
le Largo de la troisième pour chant.

3 SONATES, OP. 10. — N° 1.

Allegro molto, con brio.

Le mouvement de ce morceau est si animé qu'on ne pourra en soutenir la vivacité qu'en le comptant de 2 en 2 mesures à la manière du *Scherzo*, c'est-à-dire en battant à 2 temps une mesure entière pour le temps frappé, une mesure entière pour le temps levé et ainsi de suite; cette façon de compter les mesures qui vont vite, surtout les mesures à 3 temps, doit devenir familière. Elle donne au temps quelque chose de bref et de décidé qu'on n'obtiendrait jamais autrement.

Ce mouvement-ci a les allures du *Scherzo*, il le faut rhythmer extrêmement. — Les 2 premières mesures ont de la vigueur, et tout à coup 3 petits accords se frappent très *piano*, le 4e accord à la 5e mesure reprend le *forte* du commencement. — Il y a de la grâce à donner sur le *sol* qui commence la 11e mesure et se répète dans la suivante, descendant ensuite pour se perdre dans le *pianissimo* suivant, qui se fera délicatement mais lestement en conservant à la mesure toute sa rapidité. — La 3e fois de cette même formule, à la 21e mesure, elle devient très énergique et les oppositions se devront vivement marquer.

— Cette Sonate appartient, surtout dans son premier morceau, aux sentiments tempérés. Il n'y a point là de grands sentiments exprimés à grands traits, il faut y soigner avec délicatesse des infiniment petits effets, sans quoi elle paraîtra terne et décolorée. — A la 32e mesure se trouve une période de 16 mesures dont la 1re note est marquée d'un accent. Sitôt après, commence un extrême *piano*, qui doit régner sans aucune nuance sur toute cette phrase, afin de lui imprimer le calme et le repos. — Un très-petit *crescendo* la termine, et la tranquillité de ce passage (qu'il ne faut pas ralentir pourtant) fera opposition avec la pétulance du début.

C'est par ces contrastes vivement éclairés que des œuvres de genre (si j'ose emprunter ce terme au vocabulaire du peintre) reçoivent l'éclat qui leur est propre et sont vues dans leur vrai jour. Il y faut un soin de détail cent fois plus grand que dans une œuvre dramatique.

L'œuvre dramatique ressemble à un palais somptueux; on peut jeter quelque chose par la fenêtre sans qu'il y paraisse rien, pourvu que les colonnades, les portiques gardent leur belle ordonnance, pourvu là que le drame soit enflammé de passion. Il y a parfois mesquinerie à prendre le microscope pour en étudier les infimes parties, qui peuvent alors faire perdre de vue la majesté de l'ensemble, tandis qu'au contraire, c'est avec la loupe qu'on étudie la miniature.

A la 40e mesure de ce morceau, par exemple, voilà trois parties distinctes à faire entendre toutes trois dans des teintes diverses : durant 5 mesures, les *si* blanches de la basse seront profondément indiqués (mais *piano* pourtant) ; la partie en noires jouée par la main gauche s'entendra un peu, et les noires de la main droite domineront, bien que *piano* aussi, comme une plainte exprimée très-doucement. — 6 mesures plus loin, c'est une sorte de paraphrase de ce passage, où doivent régner les mêmes accents. Ce sont là de délicates nuances, très-fugitives et très-difficiles à traduire, et bien qu'elles aient l'air de peu de chose, elles sont tout. Cette petite phrase fait place à une mélodie tout imprégnée de grâce; là il se présente une certaine difficulté encore, c'est de conserver beaucoup de charme dans un mouvement très-animé ; il n'est pas permis de ralentir en ce cas, et pourtant il faut conserver au chant ses accents de suavité. C'est à étudier, comme aussi les petits traits en *staccato*, vifs et fermes, qui sont la paraphrase du thème et conduisent à une belle et noble phrase de 6 mesures, qu'il faut dire largement. Le *forte* se continue dans le trait en montant, puis un *crescendo* conduit à un *fortissimo* et ramène le rhythme principal qui doit être très-marqué et les doubles croches brisées lestement en augmentant de chaleur et d'énergie, jusqu'au *sol* d'en haut. — Le trait descendant se fait entièrement *fortissimo* en appuyant vivement chaque 1re des notes liées par deux, et l'on arrive avec feu sur le *si bémol* d'en bas. — Alors, et comme repos, reparaît la douce phrase entendue déjà et la seconde partie de ce morceau reproduit les mêmes rhythmes et les mêmes mélodies, sauf un épisode nouveau : 12 mesures après les 2 barres, c'est d'abord une espèce de récitatif mesuré que marque la basse, et que la main droite doit dire comme une sorte de déclamation, phrase de 8 en 8 mesures, traitée ensuite par la basse d'une façon charmante comme une sorte de contre-point.

Adagio molto.

L'*Adagio* est tellement l'essence même du suprême génie qui nous occupe à cette heure, qu'il n'en est pas un seul, même dans les *Sonates* les moins considérables peut-être, qui ne soit digne de toute admiration.

Celui-ci est d'une beauté rare. Il commence avec un calme qui rafraîchit l'esprit; les nuances y doivent être fort ménagées, il y a une suavité adorable dans le retour du motif à la 8e mesure, alors qu'il s'établit tout à fait, ce qu'indique l'installation par doubles croches de la basse. Après la 16e mesure, il faut faire avec vivacité et un certain éclat les petits traits descendants, mais il n'y faut rien d'excessif, rien qui trouble la paisible harmonie de l'ensemble. — A la 6e mesure de ces petits traits, il faut de l'élégance dans les notes liées par deux. Il n'est rien de plus séduisant que la nouvelle mélodie qui apparaît alors, et que les traits légers et gracieux dont elle s'enveloppe, il les faut jouer avec une délicatesse aérienne ; le *crescendo* suivant et qui ramène au 1er motif ne doit pas être très-bruyant. Il faut éviter tout le temps de ce morceau les couleurs trop voyantes. Ce qui serait beauté ailleurs serait criard, discordant et lui enlèverait son charme ravissant. — Non-seulement chaque œuvre a ses nuances, mais encore le *forte* et le *piano* de l'une ne doivent pas être le *forte* et le *piano* de l'autre; ils dépendent du caractère qu'on veut imprimer à l'œuvre qu'on exécute. Il n'y a que la serinette qui possède un *piano* et un *forte* à toutes fins.

Prestissimo.

Voici un petit morceau divin ; il est jeté tout d'une pièce, avec une vivacité de style qui ne se ralentit pas. Le mouvement en est aussi rapide que possible. Le commencement se doit lancer en toute verve, pour ne s'arrêter que sur l'accord de la 17e mesure; on y arrive par un *crescendo* qui concourt à l'animation générale. Alors survient une phrase d'une exquise originalité dont le rhythme charmant doit être marqué en appuyant les 2 dernières noires de la mesure, et un peu plus encore la blanche de la mesure suivante, mais *pas fort*, sans aucune dureté, ni afféterie, avec une simplicité gentille et bonne enfant. = Ce thème est simple, naturel, il ne faut pas lui enlever sa grâce. = A la 7e mesure, il y faut joindre une nuance de tendresse, et le tout sans *ritenuto* aucun, = alors des imitations y joignent un attrait de plus. 16 mesures avant la fin, il faut mettre du *brio* dans les gammes descendantes, celle de la main gauche demandera d'être travaillée à cause de la volubilité et surtout à cause des 4 pour 3; mais cette difficulté se perd alors que le morceau se joue dans le mouvement, parce que les doubles croches de la main droite y ont la vitesse du *tremolo*. = 10 mesures avant la fin, il faut marquer, durement même, les notes piquées de l'aigu; les accords suivants sont presque *piano*, et à la 2e fois *piano* tout à fait, la reprise s'achève par toutes notes entrecoupées, mais très-lestement sans *rallentando*. = La 2e partie est une répétition de la première. Lors du 1er point d'orgue, 17 mesures avant la fin, le retour du thème si rhythmé se fait *ritardando*, il est moins rhythmé cette fois, et présenté ainsi, le voilà rempli de mélancolie. C'est une idée de grand poëte d'avoir choisi le plus joyeux des thèmes, le plus sans-souci, si l'on ose dire, pour l'imprégner de douleur comme lors du 3e point d'orgue. — A la mesure suivante, l'œuvre poursuit son chemin et reprend sa vivacité ; mais il y a cette fois de l'agitation sous cette gaieté, et le morceau s'achève plus dramatiquement qu'il n'a commencé.

2 SONATES, OP. 10. — N° 2.

Allegro.

Le commencement de ce morceau doit se jouer légèrement, moelleusement, mais avec beaucoup de décision dans la mesure, les valeurs bien strictement observées, et le *rinforzando* qui commence à la 5ᵉ mesure vivement senti. = A la 10ᵉ mesure l'accent devient très-bref, le rhythme très-fin, très-serré, et pourtant il doit régner dans la fin gracieuse de cette phrase beaucoup d'agrément et d'amabilité. — Après le retour du 1ᵉʳ dessin, à la 16ᵉ mesure, le passage finit autrement et avec bien de l'originalité sur la dominante du *la* mineur, on attend donc cette tonalité tandis que le maître attaque franchement le ton d'*ut* sans préparation =. Il faut faire sentir cette hardiesse, mettre beaucoup de résolution dans les deux mesures en *la* mineur, 16ᵉ et 17ᵉ, et tout à coup la 18ᵉ commence fièrement cette noble mélodie en *ut* qui ressemble à un chant de victoire, = *piano* d'abord, puis s'élevant en *crescendo* avec orgueil et enthousiasme. Cette sonate n'est pas des plus grandes, mais ce chant-là est immense et semble fait pour la symphonie. = Il le faut jouer bien *legato* et avec expansion. A la 3ᵉ mesure il faudra accentuer tous les *sforzandos*. Les 38ᵉ, 39ᵉ mesures auront aussi un accent très-prononcé sur la 1ʳᵉ note, et les 2 dernières seront détachées brièvement comme les accords de la 40ᵉ mesure, les gruppettis seront tournés gracieusement. = Ce passage se répète en mineur de même. = A la 47ᵉ mesure il faut beaucoup de légèreté, d'agitation et de régularité dans les contre-temps. — Les petits groupes de triolets qui suivent seront fins, et la dernière note détachée, avec un accent sur le second *ré* après ces triolets, = 12 mesures avant les 2 barres. Voici une phrase très-rhythmée. 2 mesures *piano*, — 2 mesures *forte*. Il la faut finir avec résolution.

Ici la 2ᵉ partie ne s'annonce en rien comme la 1ʳᵉ. Voilà trois octaves isolées, solennelles, quoique *dolce*, qui annoncent un épisode étranger. Dans le fait, sur ce texte, bien vague à tout autre (3 notes : tonique, dominante, tonique), l'auteur écrit une phrase d'une extrême grandeur ; il faut marquer profondément ces 3 belles notes, n'importe où qu'elles reviennent. — Les doubles croches sont l'accompagnement ; il y aura du charme dans le petit dessin de la 4ᵉ mesure. — A la 11ᵉ mesure commence le chant le plus suave qui, par degrés, arrive à la passion. — Il faut bien lui ménager cette gradation de sentiment, l'entrecoupement des sons peint le trouble, l'agitation. Toute cette partie est ravissante et donne un prix considérable à cette sonate qui, en définitive, est petite de proportions et bien grande, bien majestueuse par les idées. Le retour des lourdes octaves, tantôt à la basse, tantôt à l'aigu, se fera avec splendeur dans le *dolce* comme dans le *forte*, = puis la première partie reparaît identique à la 1re fois, comme toujours. Car dans presque tous ces morceaux il nous faudrait employer un *da capo* pour la fin, tout étant dit dans la 1re partie déjà.

Allegretto.

Cette jolie phrase, tout d'un jet, doit se dire avec une résolution singulière, en allant d'un trait jusqu'à la 6e mesure, où est l'accent : c'est l'appogiature placée sur le *ré* au dernier temps. = Cette appogiature est le dénoûment de la phrase ; il le faut briser lestement et lui donner quelque chose de bien décidé. — Dans la 2e partie, il faut considérablement marquer l'accent qui est à tous les 3es temps, et les enlever vivement. — A la 7e mesure, après le trille bien serré, il faut détacher avec ostentation le *sol* et tomber sur le *do* du point d'orgue avec la même affectation. — (Il faut une recherche presque prétentieuse de tous les accents dans ces petites pièces, c'est ce qui leur donne le mouvement et la vie.) Après le point d'orgue, l'expression du thème qui revient sera toute différente ; il y faut quelque chose d'ému, de tendre. = A l'endroit où la basse intervient en contre-point, arrivent à la 3e mesure, 2 accords tout imprégnés de mélancolie ; ils reviennent par 2 fois et se doivent bien ménager. — Les 8 mesures de la fin ont un autre rhythme, il faut marquer les blanches et donner de la grâce, de l'animation à toute cette conclusion.

Il n'est rien de plus joli que l'espèce de *trio* qui suit. Le commencement est plein de mystère ; il faut *porter* les sons avec mollesse et suavité, et ne point *attaquer* les accords, mais les poser onctueusement, toujours avec beaucoup de rhythme, quelque chose de très-strict dans l'accent, et bien appuyer l'accord qui commence la 11e mesure. Il faut mettre ici le plus grand charme, surtout en commençant, à la 12e mesure, de descendre la phrase qui va terminer. = Les petits traits qui ont tant d'élégance, et forment comme une variation, se feront avec délicatesse en indiquant vivement les accents. — C'est un bijou de grâce et de verve que ce petit morceau qui n'est pas facile à bien jouer.

Presto.

Le commencement de ce morceau, vrai *scherzo* par la rapidité du mouvement, est tout ce qu'il y a de plus mignon et de plus fin, mais il ne faut pas trop s'y fier. Ce thème, qui semble un badinage si léger et qui se doit jouer en toute délicatesse, d'abord à une partie, puis à deux, puis à trois, puis à quatre enfin, c'est tout bonnement un *canon*, une merveille de verve et de vivacité. = Excepté les groupes de doubles croches, tout doit être piqué, léger et tinter comme des clochettes. Les accents marqués s'appuient lestement, et les petites gammes passeront comme des coups de vent. = Les blanches qui commencent à la 18e mesure de la 2e reprise seront rigoureusement marquées. = A la 37e mesure les croches font aux deux mains une mélodie charmante qu'il faut faire saillir en clochettes encore, et qui rappelle le sujet dont elle est tirée tout entière. — Les notes répétées en haut seront annulées comme étant accompagnement. — Les imitations reviennent, se pressent, et cela devient un tourbillon ; alors, 25 mesures avant la fin, la mélodie revient rappelant le sujet dans la basse, tandis que la main droite a le dessin le plus ravissant. C'est frais, jeune et charmant. — Enfin cela finit comme une merveille, et c'en est une que ce petit morceau, qui doit passer comme une flamme, mais qui est horriblement difficile à jouer.

SONATE EN RÉ MAJEUR, OP. 10. — N° 3.

Presto.

Cette sonate est l'une des plus belles qui existent. Elle est si pleine, si riche, qu'elle se pourrait facilement orchestrer. Il y a en elle l'étoffe d'une symphonie comme, du reste, dans presque toutes celles du maître.

Elle débute par un mouvement si animé qu'il faut le considérer comme un *scherzo* à 2 temps. — Le 1er trait se lance à toute vitesse et se repose quelque temps sur le point d'orgue en haut, d'une façon triomphale, après un *crescendo* bien marqué. — Alors commence le dessin, en sixtes, qui est véritablement un passage pour les instruments à cordes, tandis qu'à la 5e et 6e mesure les *la* du haut sont des notes de clarinette, pleines de mélancolie ; il les faut bien appuyer, comme aussi lorsqu'elles reviennent à la 7e mesure, terminant à l'aigu cette première phrase en *ré* majeur. — Toute cette 1re partie est évidemment faite pour des instruments à vent.

Il est d'une bonne habitude, lorsqu'on travaille des œuvres aussi considérables que celle-ci, de rechercher quelle a dû être la pensée symphonique de l'auteur en l'écrivant, — l'instrument qu'il avait en vue alors ; — on y trouve bien plus d'attrait, on y découvre tout à coup des beautés inaperçues d'abord, et l'exécution se crée tout autrement. — Le pianiste se transforme ainsi en chef d'orchestre, et l'intelligence de l'œuvre ne perd pas au change. — Je me permettrai même de conseiller aux jeunes artistes d'essayer de mettre en symphonies les sonates de Beethoven, en se servant de tous les instruments. Le chemin est tracé par le maître qui ne pensait jamais qu'à l'orchestre ; il ne reste qu'à écrire, mais en dialoguant, et c'est la meilleure de toutes les études ;

elle donne la complète intelligence des œuvres, ouvre les idées et conduit tout droit à la composition.

Reprenons maintenant notre sonate, là où nous l'avons laissée, à la 10ᵉ mesure, où se répètent les 6 mesures précédentes, puis ensuite les 4 du commencement allongées de 2 autres. — Bien entendu que le dernier *fa* avec point d'orgue se fera en octave ; car si Beethoven ne l'a pas écrit, c'est que les pianos d'alors étaient de 5 octaves et ne possédaient pas de *fa* dièze à cette octave-là. La phrase en *si* mineur, qui commence à la 22ᵉ mesure, doit avoir beaucoup de charme et de vivacité ; — il faut prendre garde ici de ralentir le mouvement. — Tout le long passage suivant, qui ne dure pas moins de 30 mesures, se doit dire aussi avec la même grâce facile et légère, en y joignant du *brio* vers la fin et jouant avec éclat le *crescendo* et la cadence qui finit. — Celui qui commence à la mesure après le trille, doit être étincelant de finesse ; on y ajoutera un peu de mélancolie lorsqu'il reparaît en mineur, 8 mesures plus loin. — Cependant les points ne seront pas secs, mais plutôt *portés* que *piqués*. — A la 14ᵉ mesure, après le trille, commence un dessin d'un extrême intérêt. La main gauche jouera *piano* et lié, la droite dominera, cependant *piano* aussi et marquera avec délicatesse les *sforzandos*. Tout ce passage se dira de même, et, bien qu'il soit *legato*, il se fera légèrement, comme tout ce 1ᵉʳ morceau de sonate, qui a quelque chose de leste et de cavalier. — Toutes les petites nuances qui s'y trouvent seront subordonnées à un long *crescendo* qui sera mené durant 24 mesures, pour arriver à un *fortissimo* éclatant. Alors commencent 4 mesures de grâce, dans lesquelles les points ne se doivent pas piquer, mais porter seulement, et de même quand la basse les répète. — Les 8 mesures blanches se joueront *religioso*, très-*legato* et très-*piano*. Les imitations en noires qui suivent se feront très-liées avec beaucoup de délicatesse, en ayant soin que les 4 noires de chaque mesure se suivent comme si elles étaient de la même main, et sans la moindre séparation entre les sons; on continuera ce même jeu, mais *pianissimo*, après les 2 barres qui ont les 2 points, et l'on ira jusqu'au point d'orgue, avec les mêmes nuances qu'au commencement. — Alors, aux secondes deux barres, se frappe énergiquement un accord en *si bémol*, puis sur un murmure de la basse, descendent des tierces, qui doivent imiter le *pizzicato* de l'orchestre, et cela durant 12 mesures, tantôt à l'aigu, tantôt à la basse, coupées qu'elles sont alors d'une gamme rapide par le *pizzicato*, revenant sous des formes différentes, accompagnées plus tard de petits groupes de 5 croches dans la basse, qui se doivent lancer brièvement et légèrement avec une note isolée, faite à l'aigu par la main gauche, croisée, qui doit frapper sèchement et vivement. — Alors, après un *crescendo* très-énergique, retour presque identique de la 1ʳᵉ partie, et 21 mesures avant la fin, il doit exister là un *forté* très marqué dans les notes supérieures, afin qu'à la 18ᵉ mesure avant la fin, cette longue phrase se termine avec pompe et largeur.

Dans le passage descendant qui vient alors, il faut avoir soin de distinguer la gamme descendante. — La mélodie n'est pas dans le chant : *ré, do, si, la, la, la*. La mélodie c'est : *ré, do, si, la, sol, fa, mi, ré*, et les deux fois de même.

Cette première partie se termine par un brillant *crescendo*.

Largo.

Voici une œuvre magnifique entre toutes.

Il n'est pas une symphonie qui soit au-dessus de ce morceau.

Le début est placé dans la région du *médium*, là d'où les sons, partant du centre de l'instrument, vont frapper au centre du cœur.

Un souffle d'idéalisme court sur les 6 premières mesures; à la 7e, un cri de suprême angoisse s'exhale sur un accord déchirant, et la 8e mesure est toute à la résignation.

Tout d'abord on sent qu'un grand poëme commence, et qu'il ne s'agit pas là d'expliquer de vulgaires douleurs.

Pour exprimer des idées d'un tel ordre, il faut enfoncer profondément les doigts, et ne les relever que juste assez pour faire parler les notes de nouveau, sans leur imprimer jamais le moindre frappement, de manière qu'elles ne reçoivent aucune secousse, et rendre le son du piano parlant, de façon qu'il réponde à vos intentions les plus intimes.

A la 9e mesure, commence une plainte de la main droite, qui chante comme une clarinette (car cela semble écrit pour cet instrument). Ici cette main droite doit complétement s'isoler, se détacher de la basse, qui, faite *piano* et *legato*, disparaît dans un murmure confus, sans qu'une seule note en soit distincte. Ceci continue jusqu'à la 8e mesure de ce jeu, alors que cette période se dénoue par un trait qui descend fièrement, et dont il faut exprimer la noblesse en l'élargissant.

Ici arrivent 7 mesures de larmes : il faut que l'exécutant sache pleurer, qu'il tâche de mouiller les sons, ce qui s'obtient en les prenant de très-près, en ne les liant pas entre eux, mais en les laissant tomber, avec une incohérence apparente, bien que la mesure se conserve strictement. Cette espèce d'incertitude dans le rhythme, dont il ne faut pas trop serrer alors les notes brèves, traduit les désordres de l'âme, et tout cela s'élève en *crescendo*, pour se fondre ensuite dans un *pianissimo* d'une ineffable douceur, reprise et conclusion de cette plainte éloquente du commencement.

Cette fois aux 2 barres, les frappements du cœur, que marque la basse avec le *fa* d'en bas, annoncent par leur marche régulière dans son agitation, des sentiments moins abandonnés, et véritablement la phrase de 6 mesures qui apparaît alors est forte et courageuse, il faut en faire admirer l'éloquence, et lui imprimer une grande décision. A la 7e mesure, l'accord de la basse sera terrible, et tout aussitôt, voilà de petits groupes dans la main droite, qui sont des soupirs, des sanglots. — Il y a combat, car à la mesure suivante les sentiments énergiques luttent encore, bien qu'affaiblis ; ils sont troublés cette fois; on sent qu'ils ne l'emporteront pas : et, en effet, les petits groupes, qui peignent à la fois les pleurs, les soupirs, le désespoir avec tous ses désordres, ces groupes se répètent à intervalles inégaux (ce qui est encore plus expressif), et conduisent au retour de ces sentiments en même temps exaltés et sombres, par lesquels ce grand poëme a commencé.

Tous ces petits groupes qui précèdent doivent être empreints de sensibilité, d'agitation, d'irrégularité.— Elle est indicible l'émotion de ces petits groupes ; ils doivent déchirer le cœur, faire tour à tour frémir et pleurer. Durant ce temps, il faut que la basse soit terrible, avec son simple accord arpégé. — Cette note, c'est la fatalité. Elle doit tomber pesamment, aussi fort que possible. On mettra la grande pédale, et comme les groupes sont à l'aigu, on pourra sans inconvénient la conserver au moins la moitié de la mesure, ce qui unira les sons plus intimement.

Enfin le commencement a reparu avec toutes ses péripéties.

A la 13ᵉ mesure, le désordre est plus marqué. On sent les ravages de la passion, et après 21 mesures, on tombe comme épuisé sur le *ré* d'en bas à la main gauche.

Là, les triples croches de la main droite, ce sont les agitations de l'âme, et durant 7 mesures la basse monte par un *crescendo* saisissant, qui s'avance rapide en grondant sourdement d'abord, puis en mugissant d'une façon qui imprime l'effroi. Ce qu'il faut exprimer avec emportement, toujours de plus en plus jusqu'au premier *la* de la 8ᵉ mesure, sur lequel il semble que la foudre éclate.

(Le mouvement se pourra accélérer insensiblement durant cette partie.)

Après ce coup de tonnerre toutes les forces sont anéanties, l'âme est brisée, et c'est dans des sanglots, dans des plaintes étouffées, que s'achève cette œuvre de sublime beauté.

Elle ne finit pas; elle cesse seulement d'être, parce que tout est épuisé, tout est accompli.....

Nous le disions au commencement : il n'est pas un *adagio* de symphonie qui aille plus loin que celui-ci, il vise en plein cœur.

L'âme qui n'en sera pas saisie est insensible à tout idéal.

Minuetto

Ce menuet est l'un des plus suaves que Beethoven ait jamais écrit.

Un homme de grand talent, Schneitzhoëffer, l'avait jadis intercalé dans son beau ballet de la *Sylphide*; les habitués de l'Opéra ne l'auront pas oublié.

Cette mélodie, dont la grâce est exquise, qui a quelque chose de chaste et d'immatériel, se doit dire avec une extrême simplicité, sans trop détacher les notes piquées, et en soutenant attentivement les blanches pointées, qui se jouent avec le pouce, tandis que les basses sont bien tenues.

La 2e reprise commence par un véritable trait de violoncelle, répété par l'*alto*, suivi du violon. Il semble d'un *quatuor*, tant ce travail est serré.

Ces imitations se doivent bien accentuer, en marquant à chaque fois la blanche qui commence.

Le retour du motif dans la partie intérieure (c'est-à-dire du milieu) se doit ménager sans *rallentando* ni afféterie, mais avec un charme qui va s'acroissant jusqu'au dénoûment de la phrase en *ré* majeur, à la 12e mesure avant la fin. Cette fin s'achève fort *piano* et dans la mesure la plus stricte.

Le *trio* est d'une étonnante vigueur. Les triolets seront bien réguliers, et durant ce temps les noires du haut frapperont énergiquement; il faut leur donner quelque chose de saisissant et de terrible.

La rentrée du milieu devra s'étudier à part, afin qu'elle se puisse lancer avec audace et chaleur, sans souci de l'exécution.

Cette partie doit terrifier l'auditeur, par l'espèce de fureur sauvage qui la domine. Le calme ravissant du *minuetto* paraîtra plus délicieux encore à son retour.

Rondo.

Ce morceau commence par un de ces mouvements d'hésitation, affectionnés du maître, et qui jettent l'esprit dans des régions vagues et indéfinies dont le charme est tout à fait beethovénien.

Le temps doit être là un peu capricieux; il ne s'établit qu'après 8 mesures, encore le rhythme et le sentiment de ce morceau restent-ils constamment empreints d'agitation et de trouble. La mesure sera stricte au fond, mais on la cachera avec soin; ce petit final est une flamme, la régularité l'éteindrait. — A la 9e mesure commence une phrase passionnée, sur laquelle le morceau est bâti. Elle se reproduit avec des imitations dans la basse d'abord, puis avec des formules chromatiques qui la rendent chaque fois plus dégagée et plus charmante, bien qu'elle soit au fond toujours la même. — Elle s'arrête sur le point d'orgue, comme sur un point d'interrogation, puis elle se décide à retourner à ses fantaisies, à ses indécisions, qui ont ici les grâces souriantes d'un badinage léger; mais aux 2 barres, on sent, dans les modulations et dans le mouvement de la basse, que cette surface limpide cache des sentiments profonds et orageux avec lesquels il ne faut pas plaisanter. Pendant tout ce morceau, l'exaltation cherche à se réprimer, à se contraindre; il semble que ce soit la raison des irrésolutions continuelles du mouvement : elle fait des sorties, des escapades, comme dans le trait fort emporté qui précède les secondes 2 barres, puis nous revenons aux incertitudes qui forment le fond de ce dernier morceau; elles se prolongent, et se compliquent d'harmonies intéressantes et inespérées, surtout après le dernier point d'orgue, 12 mesures avant la fin, que commence une suite d'accords en syncopes de l'effet le plus pittoresque et le plus élégant, qu'il faut dire avec une délicatesse exquise, après quoi le motif s'achève et se complète, en finissant *pianissimo* à la basse, emporté qu'il est de la main droite, comme un coup de vent.

Nous le répétons, cette sonate est une œuvre divine, pourtant elle fut écrite en 1799, et fait partie de l'Op. 10, dont elle eut le n° 3. Cette sonate est donc la 7e seulement.

Or, ce portique magnifique, placé en tête comme 1er morceau, ce *largo*, qui contient en germe toutes les symphonies, cette forme de *scherzo* que le poëte créait alors, tout en l'appelant encore de temps en temps *menuet*, par respect du passé, bien qu'il n'ait plus rien de ce rhythme, et n'appartienne qu'à la fantaisie pure, enfin pour coupole à cet édifice, ce petit final étincelant, est-ce de la première époque, ou est-ce de la seconde ?

Est-ce là une œuvre calquée sur Haydn ou Mozart?

Ou porte-t-elle l'empreinte d'un génie invraisemblable né pour l'étonnement de l'univers ?

Redisons-le : la naissance de la 2e époque est impossible à préciser avec un chiffre, elle se manifeste d'abord par des beautés éparses, qui, inconnues jusque-là, traversent la 1re époque en y marquant leur passage par une trace de feu.

GRANDE SONATE PATHÉTIQUE EN UT MINEUR, OP. 13.

DEDIÉE AU PRINCE LICHNOWSKI.

PUBLIÉE EN 1799.

Arrangée en Sonnetto, en Quintetté, en Quatuor, à grand orchestre à quatre mains, pour deux violons et l'Adagio pour chant.

SONATE PATHÉTIQUE.

Introduction grave.

Il faudra compter cette mesure par croches, pour être sûr de tenir le mouvement qui est fort large. Ces quatre premières mesures doivent aller en *crescendo* continuel jusqu'au *la* d'en haut, les légères nuances indiquées *sforzando* ne seront que subordonnées à cet effet général et augmenteront de même d'intensité chaque fois qu'ils se représenteront ; alors arrive le trait descendant qui se doit jouer *diminuendo*, pour préparer la mélodie plaintive qui commence à la main droite, interrompue qu'elle est sans cesse par des accords sinistres de la basse. — Tout le premier morceau de cette sonate est disposé ainsi en dialogue, bien vraiment pathétique, par le choc continuel de sentiments craintifs et doux, exprimés par la partie aiguë, et de sentiments durs et méchants, indiqués d'une manière souvent terrible par la basse. — Ici l'introduction s'achève dans une gamme chromatique, qui doit aller en *crescendo* descendant, comme poussée par la terreur.

Allegro di molto con brio.

Les quatre premières mesures répétées, deux fois presque semblablement, se doivent jeter dans un *crescendo* bien marqué les deux fois, en portant seulement les notes, sans les *piquer* surtout. — Les deux *sol blanches*, liés à des *noires*, qui suivent, sont de touchantes plaintes, il y a des larmes dans ces deux *sol*, qui reviennent aussi par deux fois. = Tous les *sforzandos* seront bien marqués. — Les *la, si, la, si*, qui annoncent, à la 39ᵉ mesure, la mélodie en *mi bémol mineur*, prépareront à la douleur qu'elle exprime. — C'est la force brutale qui commence à se manifester dans la basse, puis le dialogue reparaît, la main droite croisant la gauche est chargée d'un rôle farouche, les notes qu'elle jette ressemblent au *non* des furies de l'Orphée de Glück. Durant ce temps la partie du haut est tremblante, elle déploie toute sa grâce, toutes ses câlineries, surtout à la fin, qui doit se dire avec la plus grande élégance, mais elle se brise contre une dureté d'airain, et dit son manque d'espérance dans la charmante phrase en *mi bémol* 20 mesures avant la fin. — L'esprit mauvais la répète de suite *crescendo*, en se moquant, et se repose haletant sur un accord qui ne conclut point. — Alors reparaît, tel que le chœur antique, l'introduction du commencement, qui semble gémir sur ces grandes douleurs. — La deuxième partie est, comme toujours, la paraphrase de la première, il s'y trouve, en plus, à la cinquième mesure du retour en *ut mineur* une marche d'harmonie de toute beauté et de toute énergie, qui ramène, en douze mesures, à la mélodie. — Nous croyons que ces douze mesures gagnent à être faites d'un seul *crescendo* au lieu de trois qui sont écrits. Les larges nuances sont bonnes dans de larges œuvres : c'est en des fresques gigantesques que se peignent les temples. — Plus loin les péripéties de la première partie se reproduisent, mais alors revient l'introduction du commencement, jetant son grand cri de douleur sur ce drame, qui tout à coup s'achève par un transport d'énergie joyeuse, qui ressemble fort au triomphe du méchant esprit sur le bon, dénoûment peu consolant, mais d'un sublime effet.

Adagio cantabile.

Nota. *Pas trop lent et plutôt* ANDANTE *qu'*ADAGIO.

Cette adorable mélodie doit se dire dans un sentiment très-intime (inniger empfindung), diraient les Allemands, et ce sentiment implique une nature de son très-onctueuse, et d'un timbre voilé, sans jamais d'éclat.—Il est inutile d'expliquer que l'accompagnement en batterie qui se trouve au milieu doit disparaître complétement. C'est le sort de tout accompagnement, c'est l'ombre au tableau. — Qu'est-ce que son existence? Une ombre en effet, et sans elle le tableau ne serait point. — Dans cette mélodie de huit mesures deux notes sont étrangères au ton: le *mi bécarre* d'abord, le *la bécarre* ensuite; suivant notre démonstration, à elles est donc l'intérêt de la phrase, on le fera sentir en appuyant un peu le *mi bécarre*, et en jouant le *la bécarre* bien plus *pianissimo* que le reste des notes. — Les deux *triolets* qui séparent la répétition de ce thème, ne seront que *portés* et un peu *crescendo;* la deuxième fois se jouera un peu plus fort, avec les mêmes observations du reste, et bien attention, les deux fois, à ne pas *piquer* les quatre dernières *doubles croches*. — La phrase en *fa mineur* qui suit se doit jouer en grande suavité, en disant lentement et mollement les *gruppettis* qui s'y trouvent, et finissant le passage avec tout le charme possible. —Ce retour au sujet principal se fait avec un joli dessin de notes entrecoupées, qu'il faut faire bien distinguer, la première fois à [la partie] intermédiaire, la deuxième à l'aigu, la troisième à la basse : en liant la première et enlevant mollement la seconde. — Le thème revient, pour se fondre de suite en *mineur*; ici la basse joue le rôle d'un véritable basson, la main gauche doit donc chercher à imiter cet instrument lorsqu'il *porte* le son *louré*. — La modulation en *mi majeur* aura beaucoup d'éclat, la main droite peut y jouer en octaves tout le temps. Après le retour du *pianissimo* et des petits traits de basson, le motif revient tout à fait cette fois, et comme il arrive par un *crescendo*, on fera bien de demeurer dans le *forte* afin de varier la manière de le présenter. — Du reste l'accompagnement par *triolets* dont la troisième note s'enlève un peu, lui donne un intérêt nouveau. — La *coda* des huit dernières mesures se fait *pianissimo* et s'achève *morendo*.

Rondo allegro.

Ce dernier morceau est de beaucoup le plus facile des trois.— La grâce et l'agrément y doivent constamment dominer. Il n'y a point là de sentiments extrêmes, les tempêtes morales ont passé, il y règne une grande sérénité et une grande jeunesse ; c'est bien le n° 13 de l'œuvre du maître que le premier morceau avait déjà dépassé. — Après les 16 premières mesures, l'accord de *triton*, qui se trouve à la dix-septième, ne se jouera pas fort, mais seulement on l'appuiera plus que le reste. — Plus loin les *triolets* seront fort légers, et lors des notes surmontées de *points*, elles ne devront être que *portées* seulement. — Rien de plus aimable que la mélodie en *ut majeur* qui suit le retour du thème. — Lorsqu'il revient pour la troisième fois, il faut, au moment du *calendo*, observer bien strictement les tenues qui s'y trouvent, et leur donner leur complète valeur : il faudra mettre alors la petite pédale afin de dire toute cette partie en *sotto voce ;*— puis le *crescendo* revient (*on marquera vigoureusement les basses blanches pointées*), et le point dominant de la force est le point d'orgue après la gamme descendante ; — il y faut rester un peu. — La règle de durée d'un point d'orgue est celle-ci (sauf exception) : y rester en plus la moitié de la valeur de la note ou du silence qui porte le point d'orgue. — Puis après quatre mesures de *pianissimo*, l'œuvre finit par une gamme d'un mouvement très-vif et décidé.

2 SONATES (MI MAJEUR, SOL MAJEUR), OP. 14.

DÉDIÉES A LA BARONNE DE BRAUN.

COMPOSÉES EN 1799.

Arrangées en Quatuor, pour deux violons, à quatre mains :
l'Allegretto de la première à grand orchestre.

2 SONATES, OP. 14. — N° 1.

Allegro.

Le 1ᵉʳ *allegro* de cette sonate doit être assez animé; il faut de la grâce dans le début.

La 4ᵉ mesure finit en expirant d'une manière familière à Beethoven, puis viennent 2 mesures qu'il faut faire très-également, très-légèrement, ce qui est difficile. A la 7ᵉ mesure commence un passage *legato* durant lequel il faut bien observer toutes les notes tenues.

Le tout se jouera *piano*, jusqu'au retour du 1ᵉʳ motif *crescendo* qui ramènera à son tour le passage de *legato*. — Il faudra bien accentuer la phrase suivante faite par la seule main droite, avec un seul *rinforzando* sur les deux tierces de la main gauche, en observant les liaisons et les points; —les mêmes accents se marqueront alors que le sujet arrive dans la basse; il faudra appuyer avec fermeté les notes de longue valeur, et passer les autres légèrement, afin de donner du relief à l'ensemble.— Tout ce travail merveilleusement fait, est si joli qu'il le faut faire ressortir, et pour cela s'en approprier, par l'examen, chacune des parties. —Il ne sera pas mal, pour en comprendre la marche, de travailler les mains séparément;— dans les 4 mesures suivantes, les alternatives d'accords majeurs et mineurs, devront être bien senties, et le passage s'achèvera avec énergie.

Après les 3 mesures qui suivent les 2 barres, vient, en quelque sorte comme intermède, une belle phrase d'octaves, durant un accompagnement qui n'est qu'un murmure; elle se compose de deux *crescendo* de suite arrivant à des *piano* dans la manière beethovénienne. Cette phrase, pleine de noblesse et presque théâtrale, se doit élargir à la 10ᵉ mesure, lorsque la modulation finit en *ut*. Le thème, ébauché par la basse d'abord, par la main droite ensuite, se rétablit tout à fait *forte*, tandis que la main gauche a des gammes qui doivent être légères et limpides. Le reste de cette partie est le retour de la première.

Allegretto.

Les deux derniers morceaux de cette sonate, à proportions très-mignonnes, sont deux bijoux d'un inestimable prix.

Le petit morceau intitulé *allegretto* a les allures du *menuet*. C'en est même un véritable, quoique le nom n'y soit pas; il faut avoir grand soin de lui en donner le rhythme fort accentué.— Lors des deux premières mesures, les noires seront appuyées, non pas lourdement, mais d'une façon cavalière et décidée, tandis que les croches seront brisées lestement.— A la 3ᵉ mesure, l'accord en blanches pointées sera frappé avec fermeté, les croches de la mesure suivante vives et faciles ; la mesure aux 3 noires sera marquée à chacune d'elles, et le *si* qui commence la 5ᵉ mesure un peu appuyé ; — ensuite cette fin de demi-phrase terminée légèrement. — Ces accents se reproduiront constamment les mêmes, et se marqueront toujours d'une façon fort tranchée, qui donnera de la couleur à ce charmant petit morceau.— Il faut unir si intimement le *menuet* au *trio*, ou suivant le titre l'*allegretto* au maggiore, que si le piano avait l'heureuse faculté du port de voix, il le faudrait employer là.

Nous n'avons pour ressource que d'en faire l'illusion, au moyen d'un complet *legato*, sans le moindre intervalle appréciable entre le *mi* aigu et celui du médium, dont la répétition est la 1ʳᵉ note de ce délicieux *maggiore* qui commence.

Il n'est rien de plus joli que ce petit morceau, il se doit dire avec un sentiment exquis, sans nuance, ni accent nulle part ; il tire sa grâce de cette uniformité même, plus difficile à obtenir qu'on ne le croit. Chaque note doit être justement pareille à celle qui l'a précédée.

Un thème joué ainsi, est une bonne preuve de talent car nous demandons là l'égalité dans la grâce, et elle vient de cette divine chose *inapprenable*, qui s'appelle le charme. Il se travaille pourtant comme toute chose, et voici comme on y parvient : c'est en cherchant à se plaire à soi-même, en recommençant, s'il le faut, 200 fois un thème pour en arriver là.

Donc, cette perle charmante, ce petit majeur, sera travaillé ainsi. Du reste, il est dans la partie de l'instrument qui prête le plus aux sentiments intimes, et, nonobstant les indications qu'il a marquées, on prétend que Beethoven, qui aimait et jouait souvent cette sonate, faisait de cet *allegretto* un *allegro* furieux.

La première partie de ce dernier morceau n'est peut-être pas d'un intérêt extrême. Aussi ne faudra-t-il pas la jouer trop *comodo*, mais au contraire la brûler un peu lestement, en donnant la vivacité la plus légère aux diverses gammes dont elle est sillonnée.

A la 12ᵉ mesure, la phrase se termine très-heureusement, il la faut marquer avec résolution. — Les 8 mesures précédant la rentrée se doivent faire d'un rhythme strict et serré, en observant les accents et en piquant les basses : 4 mesures *piano*, 4 autres *pianissimo*.

Le thème revient, simplement d'abord, durant 8 mesures, puis il s'en va à travers de jolies harmonies inattendues et l'on se trouve en *sol majeur*, après quelques gammes délicates.

Cette deuxième partie en *sol majeur* est une vraie merveille de verve, d'entrain, et de génie ; il y faut mettre beaucoup d'ardeur, et la dire d'enthousiasme, en marquant bien la 1ʳᵉ note du 1ᵉʳ triolet, la 1ʳᵉ du 3ᵉ et la 1ʳᵉ du 4ᵉ ; le reste n'est que l'ombre de ce vif tableau.— C'est un accompagnement qui se doit faire oublier, tout en participant quelque peu de la nuance générale qui n'est pas *piano* du tout. — Toute cette partie charmante se doit dire d'un seul jet, avec grâce et caprice, jusqu'à la gamme chromatique, qui va se perdant à l'aigu, dans un *piano* infini, — et puis revient le premier thème, qu'il faut d'autant plus animer, qu'il est dangereux pour lui d'arriver après le jet de flamme que jette cette incomparable reprise en *sol*. — En suite du point d'orgue, le thème, dit en syncopes, présente par là un intérêt nouveau ; il les faut bien faire sentir, et quand elles changent de main, les continuer *legato* dans la basse et portées à l'aigu ; il faudra presser quelque peu vers la fin, et terminer avec toute la chaleur possible.

2 SONATES, OP. 14. — N° 2.

Allegro.

Il faut commencer ce morceau charmant avec la délicatesse la plus légère, et beaucoup de vivacité dans le mouvement ; — à la quatrième mesure, il y a une nuance de tendresse à indiquer sur les notes descendantes. — Dans deux mesures syncopées qui viennent ensuite, la main droite aura une touche extrêmement fine, en posant à peine sur les *doubles croches,* et appuyant un peu sur les croches, mais très-élégamment, afin de conserver au passage toutes ses grâces. — Après huit mesures arrivent cinq *ré* de suite dont il faut modifier les nuances comme celles de toute note répétée. — Ces *ré*-là se feront en un léger *crescendo*, procédé qui se reproduit par deux fois, avec plus d'intensité à la seconde, mais sans jouer *forte*. — A la treizième mesure, paraît un chant très-vague et très-suave, qui se jouera tout en demi-teinte ; à la huitième mesure de ce chant, il se fond dans une sorte de gazouillement où le pianiste peut mettre ses fines coquetteries d'exécution. — Après les quatre *la* du haut, qui doivent cette fois être uniformes de son, vient un passage assez mal aisé, pendant lequel la basse a quelques notes qui passent comme un souffle. — Ces tierces se doivent marquer un peu par deux, sans que cela nuise au charme, qui est le caractère continuel de ce morceau. — Vingt-trois mesures avant la fin de cette reprise, le gazouillement reparaît, tel que le chant d'un oiseau ; il doit être d'une exquise finesse, et le *crescendo* ne conduira pas à un gros *forte*. — Dans cette divine petite sonate, il faut plus d'agrément que de bruit. — La reprise s'achève *piano* et très-*legato*. — La deuxième, commence en mineur avec les mêmes procédés ; — à la dix-huitième mesure, arrive un passage de seize mesures qui gagne beaucoup à être fait en octaves dans la basse, si l'on ne craint pas la difficulté. — Huit mesures après le *point d'orgue* qui suit, lors du trait à toute vitesse qui se répète par trois fois de suite, il est bien de commencer de suite le *diminuendo* marqué vers la fin, de façon que le trait sera *mezzo-forte* la première fois, *piano* la deuxième et *pianissimo* la troisième ; alors la main droite croise la gauche durant quatre notes, et les répète de suite à l'aigu. — Or, chaque fois que ces quatre notes sont au grave, il les faut faire *forte*, et très-*piano* lorsqu'elles reviennent à l'aigu. — Du reste, la deuxième reprise est identiquement semblable à la première.

Andante.

Ce thème, tout beethovénien, emprunte au rhythme une partie de son attrait, la mesure doit y être stricte, et les *doubles croches brisées* lestement. — Les temps se trouvent frappés tout naturellement par les accords, il les faut marquer vivement, sans dureté, en portant seulement et appuyant davantage sur les *blanches*, sans jamais de sécheresse, et seulement avec une extrême rigueur dans la mesure, un son uniforme, beaucoup de simplicité et les nuances indiquées avec modération. — La deuxième partie du thème est plus difficile, parce que le maître la demande *legato*, et que le rhythme pourtant doit y être aussi tenu. — Le petit *trille* du commencement sera très-serré, et chaque note de cette deuxième reprise bien décidée, afin de conserver à ce charmant motif son caractère leste et cavalier. — A la quatrième mesure avant la fin, il faut faire sentir l'opposition d'un accord *piano*, suivi d'un accord *forte*, le tout très-accentué de mouvement comme de son. — La première variation (car ceci est un air varié, bien que cela n'en porte pas le nom), la première variation a certain air de famille avec le *septuor*, on y sent le souffle des instruments à vent, si chers à Beethoven. Il faut songer à eux en la jouant pour en bien rendre l'esprit, et dire avec finesse et grâce les *sol* tombant en syncopes sur le thème joué à la basse; ici la main droite n'est rien autre qu'une clarinette. — Ces variations sont de vrais bijoux, il y faut mettre autant d'esprit que de délicatesse, autant de verve que de charme. — Dans la deuxième, la main gauche joue une vraie partie de *basson*, il faut *porter* les notes à la manière de cet instrument, tandis que la droite dit le thème *porté* aussi. — La troisième est une variation de *piano*, et plus simple que les autres, seulement le thème est jeté dans un groupe de notes, à la façon de Beethoven, et le tout sera très-*legato*.

Scherzo.

Ce morceau doit passer comme un éblouissement, = ce sont d'abord soixante-douze mesures de caprice charmant, de gammes, qui se poursuivent et se mêlent, relevées de temps à autre d'un petit accord *forte*, = c'est une sorte de préface riante et légère à la suave mélodie en *ut*, qu'il faut dire avec une grâce abandonnée, sans manière ni afféterie. — A la dix-septième mesure de ce chant, il faut marquer vigoureusement, comme relief, la troisième croche de la mesure où se trouve placé un *sforzando*. — Le même jeu se reproduit à la basse, cinq mesures plus loin. — Les gammes reviennent ensuite, et seront travaillées avec soin, pour que les deux mains y paraissent bien semblables, et qu'elles soient de la plus extrême simplicité. — A la trente et unième mesure après le point d'orgue, il faut briser très-brièvement, et avec gentillesse, les *triples croches* qui commencent les temps durant quatre mesures; — alors commence une sorte de *coda*, où se doit mettre beaucoup d'animation ; les imitations des mains croisées seront bien saillantes, le trait qui monte après douze mesures doit avoir beaucoup de prestesse et de netteté, lorsque tout à coup quatre mesures de papillotage *pianissimo* viennent faire une opposition inattendue. — Ce même jeu se reproduit deux fois, et l'œuvre finit avec vivacité, chaleur, et gaieté.

GRANDE SONATE EN SI BÉMOL, OP. 22.

DÉDIÉE AU COMTE DE BROWNE.

PUBLIÉE EN 1801.

GRANDE SONATE, OP. 22.

(Cette Sonate est celle que les Allemands appellent la *Déclaration d'amour*.)

Allegro con brio.

Il faut imprimer beaucoup de décision au commencement de ce morceau et marquer exclusivement les noires d'en haut, comme notes de mélodie, tandis que les doubles croches restent dans l'ombre comme notes d'accompagnement.

Pour exécuter le 1er passage de cette façon, les groupes de doubles croches deviennent d'une certaine difficulté, il y faut des doigts bien indépendants.— Le *si* d'en haut, 1re note de la 4e mesure, est pris avec force à la suite du *crescendo*, et à l'instant la mélodie commence *piano*, car jusqu'ici nous n'en avons eu rien que la préparation. — Cette mélodie doit paraître indépendante de la basse, bien qu'elle lui soit profondément soumise, comme toujours, mais il faut tâcher de l'en isoler complétement pour l'effet. — Ce fragment de chant, qui est plein de sentiment, doit paraître marcher de son côté sans s'occuper du reste, et ne se trouver en mesure que par hasard. C'est une simple plainte exhalée par un chanteur. Ce n'est pas un effet de symphonie, — ce sont là des nuances qu'il importe de bien distinguer ; — par exemple, et comme opposition, à la 8e mesure, nous sommes en plein unisson. Les deux mains marchent là de conserve, et rhythment vivement à qui mieux mieux la première note de chaque 1er et de chaque 3e temps, et les 1ers, les 3e et 4e temps de la gamme montante, où les brisés seront énergiquement serrés.

Le dessin primitif revient alors à la main gauche, et vaut la peine d'être étudié. — Il faut profondément appuyer le *fa* de basse qui commence la mesure d'après ce trait, et le *fa* blanche qui lui répond à la main droite, tandis que le rhythme des doubles croches, sera lestement enlevé, et les 2 mesures suivantes scrupuleusement liées.— Dans la formule de 5 mesures qui vient alors, et qui commence à la 16e mesure, il importe de faire saillir la 1re et la 3e double croche de chaque groupe, et de les traiter comme si elles étaient des croches, afin qu'on s'y intéresse davantage. — La mélodie qui arrive à la 22e mesure, tirera son effet d'un *legatissimo* complet, qui ne laissera passer aucun petit silence d'une note à l'autre, malgré l'intervalle. —La basse continue d'être mal aisée ; il faut une main gauche exercée pour jouer comme il faut cette sonate. —A la 30e mesure, l'énergie va presque à la dureté pour être dans le vrai : des unissons à la tierce n'ont rien de tendre en eux-mêmes, ceux-ci ont de plus une rudesse de rhythme, une saveur âpre, qu'il importe de leur bien conserver, mais que l'entrée des contre-temps adoucit petit à petit, pour ne laisser place qu'à un éclatant *brio* dans les traits suivants.

La 7ᵉ et la 8ᵉ mesure de cette phrase brillante se terminent par un *crescendo*, qu'il faut avoir soin d'élargir, — après un *piano* ce *crescendo* recommence de suite, puis alors sur une longue pédale (1) de la basse, se présente un passage de rhythme encore très-serré, et enfin les 7 mesures finales sont d'une audace presque terrible; on croit entendre marcher la statue du commandeur de Don Juan, il faut tâcher de trouver là des accents d'une énergie sauvage. — Cette formule de haut style reparait dès la 3ᵉ mesure de la 2ᵉ reprise, et ce rhythme brisé (une noire pointée suivie d'une croche) devient favori de l'auteur. A la 13ᵉ, 14ᵉ, 17ᵉ, 18ᵉ, 21ᵉ, 22ᵉ mesure le voilà rehaussé d'une sorte de contrepoint qui lui donne encore plus de hardiesse et de feu. Il semble le choc de deux chevaliers bardés de fer. — Toute la page suivante est d'une grandeur extraordinaire, cela est tout à fait beethovénien. Les notes semblent tomber comme des montagnes, et puis 23 mesures de *diminuendo* et voilà quelque chose de plus farouche encore, c'est le thème favori présenté dans un insaisissable *PP*. et le même rhythme, malgré ce *pianissimo*, toujours le rhythme aussi énergique; puis un rassérénement complet, tout s'éclaircit par un radieux *diminuendo* (*non ritenuto*), et le motif du commencement reprend sa chanson délibérée. Rien de plus beau que les imitations de ce motif alors qu'elles resserrent le rhythme, qu'elles le rapprochent.—Mais du reste là, tout est admirable, il n'est rien au-dessus de la 2ᵉ période de ce 1ᵉʳ morceau.

Adagio.

con molto espressione.

Il faut ici empâter les notes de la basse, nous ne savons pas une expression qui rende mieux notre pensée. — Elles doivent être si unies entre elles qu'il faudra même tâcher de ne pas les laisser se relever jusqu'en haut, avant de les frapper de nouveau, ce qui donnera à l'ensemble quelque chose d'onctueux, en laissant les sons bien plus près les uns des autres. Ceci n'est pas facile; mais c'est faisable si l'on a un bon piano (et c'est la première condition pour un pianiste). On mesurera soigneusement d'après l'instrument jusqu'où il faut monter, et l'on n'ira pas au delà; sur les pianos d'Erard, ils sont si modifiables, ils ont si peu besoin de frappement, qu'il ne faut guère relever la note plus haut que la moitié. — Un piano sur lequel il faut un frappement, est un piano impossible pour quelque effet que ce soit, puisque l'éternelle étude du pianiste est de ne frapper jamais.

Donc, le commencement de cet *adagio* se jouera dans la basse, suivant cette

---

(1) *Pédale* employé en ce cas, ne signifie pas le mécanisme que le pied fait marcher; chacun sait qu'en harmonie, c'est une note prolongée, sur laquelle passent des accords qui lui sont étrangers.

explication. La main droite chantera comme un chanteur chanterait, sans paraître s'occuper de l'accompagnement, elle le dominera tout en jouant *pianissimo*, d'une douceur infinie, c'est là une des choses qu'il faut apprendre : les deux mains paraissent jouer aussi *dolce* l'une que l'autre, et pourtant celle qui récite, c'est-à-dire celle qui a le chant, accapare l'attention, comme le chanteur fait oublier l'orchestre. — Ceci s'obtient par la *pression* toute différente dans le chant et dans l'accompagnement. Le chant ne s'empâte pas, — au contraire il se détaille, il récite enfin, tandis que l'autre fait masse compacte. — L'exécutant doit travailler ces sortes de distinctions, sans lesquelles les beautés d'une œuvre resteraient souvent inaperçues.

Dans le morceau qui nous occupe, et pour lequel cette digression était nécessaire, le chant doit être clair et limpide, les sons bien soutenus, les petites notes brisées, mais mollement (quand nous disons mollement, nous n'entendons pas parler de la mollesse, qui n'est jamais bonne à rien par mollesse nous entendons : douceur et suavité). Le *gruppetto* ne sera pas vif, et se fera mollement aussi, et tranquillement. — Ces ornements se placent d'ordinaire pour ajouter à l'agrément d'une phrase ; s'ils en changent l'esprit, ils deviennent au contraire fort désagréables ; il faut donc toujours les exécuter dans le caractère propre au morceau qu'ils doivent embellir. — A la 4ᵉ mesure commence déjà un *crescendo*, qui se continue avec fermeté jusqu'à l'*ut* en bas à la 6ᵉ mesure, puis sans transition, l'*ut* d'en haut se prend *PP*. avec une délicatesse extrême, et cette phrase charmante s'achève avec grâce toujours *piano*. — Il importe de bien exprimer les accents qui se trouvent dans les 4 dernières mesures avant la reprise, mais il en est d'eux, et des petits trilles qui s'y trouvent, comme des grupettes et des petites notes. Dans une cantilène aussi tendre que celle-ci, il serait absurde de leur donner la vigoureuse énergie qu'ils auront dans un autre cas ; ils doivent participer à la douceur générale, sans avoir rien de brusque et de criant. Pour la 2ᵉ partie c'est différent ; ce n'est plus d'une cantilène qu'il s'agit : les parties sont traitées symphoniquement, c'est-à-dire que tour à tour elles ont leur intérêt, qu'il faut faire jaillir avec intelligence de la masse générale ; ainsi, par exemple : dès la 1ʳᵉ mesure, la basse qui commence est une réponse aux 3 croches de la main droite dans la mesure précédente. Il importe de faire saillir ces sortes de conversations des parties entre elles, et voilà ces deux petits traits de basse, qui ont tout autant de valeur que la main droite. — A la 4ᵉ mesure, les notes liées par deux sont des soupirs légers qu'il faut exprimer délicatement, tantôt à la partie du milieu, puis à celle de l'aigu.

—Enfin à la 6ᵉ mesure, nouvel exemple : le dessin, 2 noires, une double croche, se répète à la basse par 2 fois, et les deux fois l'oreille doit sentir l'imitation. Ce qui s'obtient en marquant un peu (très-peu) la noire à chaque fois (bien que le tout soit P), avec un sentiment très-aimable et très-affectueux. Ce jeu se reproduit encore deux mesures plus loin, puis les soupirs se doivent laisser avec abandon et douceur, il ne faut même pas d'excès dans le *crescendo* de la gamme montante à la mesure suivante. — A la 13e un trait plein d'élégance se doit jouer avec la plus fine délicatesse, et une irréprochable égalité, et cette fois, le *crescendo* finira avec vigueur et feu, puis il s'éteindra de suite, suivant la nuance marquée, qu'il faut observer soigneusement.

Cette période, qui forme en quelque sorte une 2e partie entière, se doit achever *mezzo forte*, bien correctement en mesure; mais il en est encore du rhythme comme des gruppettis et des trilles. Le rhythme d'un morceau tendre, où dominent des sentiments doux, ne sera pas (même avec des valeurs semblables) le rhythme d'un morceau où dominent des sentiments exaltés; ici il faut brusquer les différences; là il faut adoucir les aspérités, polir les contours, pourtant toujours avec les mêmes valeurs de notes. C'est ce qui s'appelle donner à l'œuvre son esprit, et cela touche au génie d'exécution, qui se travaille comme toutes les sortes de génie.

A la 19e mesure commence pour ainsi dire une 3e partie. Il faut éviter de ralentir ici le mouvement, ce qui arrive trop aisément dans des notes uniformes comme celles de cette basse; il faut la soutenir au contraire, de peur de la monotonie et de la langueur. — Tout ce recommencement doit être un peu serré de mouvement, sans presser pourtant, mais cela doit être *soutenu, soutenu*. — Il faut faire valoir les harmonies piquantes qui accompagnent le retour de la mélodie, c'est-à-dire l'accord qui frappe le 1er temps de la 20e et 21e mesure et plus tard, bien ménager les imitations en doubles croches à la 24e et 26e mesures, et ne pas négliger la 2e noire qui termine ces imitations; on serait disposé à la traiter avec indifférence, parce que la 1re note de l'autre partie commence en même temps. Mais cette noire a grande valeur; d'abord elle termine la phrase, ensuite elle est la résolution d'une dissonnance, de sorte qu'en l'abandonnant sans soin, on ferait encore une grosse faute d'harmonie.

A la 2e mesure, les *doubles croches* deviennent un simple murmure, aussi *legato* et *piano* que possible sur lequel dominent quelques plaintes exprimées par le 4e et le 5e doigt de la main droite. Il y aura quelque chose de profondément ému dans cette phrase dont la délicatesse est extrême, c'est une plainte mais une plainte sans grands cris, une plainte noble et calme, qui ramène par un trait d'une douceur infinie au premier motif, répété sans aucun changement jusqu'à la fin, et qui naturellement ne subit que les observations de la 1re fois.

Minuetto.

Dans tous les menuets, nous l'avons dit déjà, mais on ne saurait trop le répéter, dans tous les menuets, le rhythme doit être vivement serré; le marquer seulement avec correction, mais indifférence, serait ôter le caractère à cette sorte de composition. Il y faut quelque chose de très-bref, et de très-décidé.

A la 5e et la 6e mesure de ce petit morceau il faut avoir soin de marquer l'accent sur la 1re *noire* en allant à la 2e par une sorte d'expiration. Les *doubles croches* de l'avant-dernière mesure de la 1re partie se jetteront finement, légèrement, sans plus marquer le rhythme. Le commencement de la 2e partie a beaucoup d'animation et de feu, il en faut indiquer vivement les nuances, afin de les mettre en relief. — 10 mesures avant la fin, les traits de la basse se feront bien légèrement. Le *minore* est d'une formule difficile pour la main gauche, il y faut la plus parfaite égalité, le plus parfait *legato*, et pendant ce temps la main droite frappe les accords avec énergie et décision. Comme toujours, dans cette reprise, l'entrée des imitations se fera bien sentir, bien remarquer, et cette partie s'achèvera avec éclat, puis le retour au *minuetto* s'opérera avec beaucoup de délicatesse.

Rondo allegretto.

Non-seulement ce morceau appartient absolument à la 1re époque du maître, mais encore, il appartient à l'un de ces jours de sérénité et de modération, très-rares chez ce grand homme, à toutes les dates. Il importe de lui conserver soigneusement cette expression, sans en dépasser les bornes. — Le final affecte à peu près trois formes chez Beethoven : le plus souvent il est l'explosion de la passion ; les sentiments y sont extrêmes, et le mouvement désordonné, comme dans les deux sonates de l'œuvre 27, — celle à variations, — les adieux, — l'œuvre 57, — et tant d'autres. La deuxième formule est une joie folle, une animation presque fébrile, une sorte de délire du génie ; les finals écrits sous cet empire sont des merveilles, comme par exemple : le n° 1 de l'œuvre 2, le n° 2 de l'œuvre 31, et celui si adorable de l'opéra 33 ; de telles œuvres causent de la fascination : c'est une flamme qui passe et l'on reste ébloui.

La 3e forme enfin, est l'expression gracieuse, et souriante, de sentiment tempérés. — Rien n'y est extrême, point de délire, ni celui du désespoir, ni celui du plaisir.

Le final de cette œuvre 22 est complétement dans cette catégorie, comme celui de la Pathétique, de l'œuvre 7, du n° 1 de l'œuvre 31, et d'autres. — Eh bien ! ces sentiments modérés, ce mouvement qui l'est aussi, cette grâce constante, ce motif qui revient dans des conditions toujours à peu près identiques, ce sont autant d'écueils pour l'exécutant, et il lui faudra employer plus de talent pour vaincre les difficultés de ce charme permanent, que pour exprimer les passions les plus folles. Il se sauvera par l'emploi recherché des plus légères nuances, par une finesse exquise dans les infiniment petits de ce morceau, par l'attention qu'il aura de varier les effets dans chaque rentrée du thème. Enfin l'un des plus puissants auxiliaires encore sera le rhythme, qui relèvera par le piquant, le mordant de son accent, la placidité aimable de tout l'ensemble.

La 1re période de 17 mesures, est tout agrément, toute délicatesse, surtout dans sa jolie péroraison. — A la 18e mesure, voilà une occasion de rhythme, il le faut accuser vivement, ce qui donne de la chaleur à tout ce passage. Après 4 mesures, voici un accent nouveau, d'une singularité charmante. C'est très-neuf cette formule, de s'arrêter ainsi tout court au milieu des temps. Il faut faire saillir cette originalité, en la marquant résolûment.

Après 8 mesures d'arpéges brillantes, les imitations qui donnent du mouvement à cette période de rentrée, tireront encore un intérêt du rhythme, c'est lui qui les fera comprendre, quand on marquera légèrement chacune de leurs premières notes. — Les petits *trilles* seront très-brisés, et un vif *crescendo*, amènera jusqu'à la dernière note avant la rentrée, qui, contre toute attente, s'effectuera *piano*.

L'épisode en *fa mineur* qui vient après, est considérable par l'attrait qu'il présente naturellement, et par l'agitation de son rhythme, qui dérange un peu le calme de l'ordonnance ordinaire. Il en faut vite profiter, et le mener avec la plus vive agitation.

La 7e et la 8e mesure de ce passage seront lancées avec feu, et les imitations suivantes qui se prolongent durant 24 mesures, avec une verve merveilleuse, se joueront presque durement, afin que leurs aspérités donnent du mordant à toute cette partie.

A la 54e mesure après la rentrée, le motif est à la basse, il le faut bien marquer.— La main droite a un seul accent; une sorte de plainte à peine exhalée, et cette même note, elle la reprend tout à coup et en fait une sorte de *trille*, puis elle a de petits accents d'oiseau très-délicats; il y a là de la symphonie pastorale; tandis que la basse continue le thème, la petite chanson se continue aussi : tous ces *fa* légers, ce sont des soupirs de fauvette.

Toute cette partie doit être d'une finesse excessive, et c'est dans ces peintures, de touche légère, que doit se dire, jusqu'à la fin, cet élégant morceau.

GRANDE SONATE EN LA BÉMOL, OP. 26,

DÉDIÉE A

S. A. LE PRINCE LICHNOWSKI,

PUBLIÉE EN 1802.

Arrangée pour deux violons, à quatre mains;
la Marche funebre à grand orchestre, l'Andante pour le chant.

SONATE AVEC VARIATIONS ET MARCHE FUNÈBRE, OP. 26.

Thème andante (MAIS PAS TROP LENT).

Ce thème charmant doit se dire avec beaucoup de simplicité, en faisant entendre la mélodie des deux mains, comme si on la chantait, et clairement note par note, tandis que les notes d'accompagnement faites par les autres doigts seront bien *piano* et seulement placées là comme soutien du chant.

Le tout se jouera très-*legato*, en faisant les *triples croches* qui se trouvent après les notes pointées, fort brèves, ce qui sert à donner du rhythme, et de la couleur à ce thème.

Les *crescendo* seront peu marqués, puisqu'ils ne conduisent qu'à des *sforzando* et même à des *piano*, à de ces *piano* beethovéniens qui arrivent tout à coup après un *crescendo*. — 14 mesures avant la fin, commencent trois *crescendo* de suite qui n'en doivent former qu'un grand, arrivant, pour la seule fois durant ce thème, à un véritable *forte*. — La difficulté de ce thème est de se maintenir toujours dans un sentiment tempéré et très-égal de son, et de mouvement, et de ne rien exagérer; ni les nuances qui se feront avec grâce, mais sans excès; ni les détachés, qui ne seront que portés, et à peine même. — Il se trouve 8 et 10 mesures avant la fin, deux petits *trilles* difficiles à bien faire, et fort essentiels à étudier. Ils doivent être très-limpides, en *crescendo*, et contribueront à augmenter l'intérêt général. Il ne faut pas les faire doucement, mais au contraire les serrer avec énergie.

1re *Variation.*

Il faut, pour cette variation, tâcher de voiler le son du *piano* et de le rendre extrêmement couvert. — Jouer *pianissimo*, enfoncer bien les doigts sans les lever aucunement, en indiquant à peine les signes écrits sur le *do* de la 1re mesure et sur le *ré* de la 2e qui ne sont que des accents légers. — A la 4e mesure, il faut avoir grand soin de marquer à la main droite *ré do si*, ce sont les notes de mélodie; les *mi* croches ne font rien à l'affaire et doivent demeurer dans l'ombre comme notes d'accompagnement. — La même observation est applicable chaque fois que revient ce même passage. — A la 16e mesure survient un dialogue entre les deux mains, commençant par la gauche, qui jouera énergiquement le *fa* placé au 3e temps de cette 16e mesure. Il y a ici une difficulté réelle : c'est de donner de l'intérêt, et un intérêt différent, à chacune des deux mains. — La basse est une imitation du premier sujet et doit observer les mêmes accents. Mais la main droite, pendant ce temps, chante un petit duo à la tierce, infiniment joli, qui doit dominer également; c'est un *trio* de trois chanteurs, il n'en faut pas négliger un seul. A la 5ᵉ mesure de ce dessin, la main droite jouera avec légèreté des *triples croches* d'accompagnement, et pendant ce temps, la main gauche marquera cette mélodie : *do si* ♮, *ré* ♭, et la mesure suivante *do mi fa;* il faudra détacher cette mélodie des accords où elle est enchâssée. Ceci est un de ces exemples si fréquents au *piano* d'accords dans lesquels certaine partie doit dominer. Presque toujours, il se trouve dans un accord, quelque note intéressante qu'il faut savoir démêler, et faire saillir de côté ou d'autre, du petit doigt ou du quatrième; malgré leur faiblesse, ils joueront peut-être *fortissimo*, tandis que le pouce devra contenir sa force et jouer *dolcissimo* c'est pourquoi les doigts doivent être indépendants avant tout. Vous ne seriez pas pianiste, si vous plaquiez de gros accords uniformes, et ne saviez y découvrir la bonne note; vous ne feriez que du galimatias, et c'est la serinette qui joue les accords de cette façon-là. — Revenons à notre variation, il faudra travailler les traits *staccato* qui montent ensuite à la basse. — Pour bien réussir un *staccato*, il importe de ne point lever les doigts, mais d'attaquer les notes de très-près, par un petit coup sec. — Après le *crescendo* de la fin, il n'y a aucune nuance indiquée ; j'imagine qu'on peut se permettre de finir très-fort, ce qui termine d'une façon plus grandiose.

2ᵉ *Variation.*

Nous entendons souvent jouer cette variation trop vite. Nous blâmons tout changement de mouvement dans des variations qui doivent conserver celui du thème, quand le thème s'y trouve renfermé. — Les variations comme Beethoven en a écrit souvent, qui sont de la fantaisie, échappent à cette règle.— Mais celle-ci représente le thème, complétement joué à la basse, tandis que la main droite fait des contre-temps, qui doivent être portés avec mollesse, et jamais piqués sèchement. — Cette variation est assez facile, la main droite jouera *piano* naturellement, puisqu'elle accompagne, et la gauche chantera le thème avec beaucoup d'accent, et de clarté. — La seule difficulté, est que les deux mains soient d'une extrême régularité, et que ce soit irréprochablement en mesure, ce qui demande de l'étude par sa longue durée. — Il faut être rompu au rhythme, pour ne pas le perdre vers la fin.

(Le thème s'enchaîne à la première variation, et les variations s'enchaînent entre elles, sans jamais aucun temps d'arrêt.)

3ᵉ *Variation.*

Cette variation est la plus belle de toutes, mais elle est fort difficile d'accent. Elle doit commencer dans un *pianissimo* infini, la main droite extraordinairement *legato*, et la gauche en notes portées, le tout en *crescendo*, augmentant de note en note, de la 1ʳᵉ à la 8ᵉ mesure, puis ce dessin se répète de la même façon, durant 8 mesures encore. — Alors survient à la 16ᵉ mesure, un *la double bémol* désespéré, qu'il faut appuyer avec la plus grande douleur. Le *sol bémol* d'en haut lui répond à la mesure suivante, et s'éteint en faisant sa résolution sur le *fa* à la seconde croche de l'autre mesure, mais le *sol* sera beaucoup moins marqué que le *si*, et finira en mourant sur le *fa*, à la mesure d'après. — Cette formule se répète ensuite avec les mêmes accents, et durant trois autres mesures en commençant par le *fa bémol* à la main droite. — Voici à la 20ᵉ mesure un accent d'une extrême difficulté à saisir et à rendre : c'est sur ces deux *doubles croches do do si;* le premier de ces deux *do* doit être enlevé, mais onctueusement, comme en un sanglot, et l'on doit retomber sur l'autre en l'appuyant davantage, mais pourtant très-mollement, en finissant cette plainte sur le *si* suivant, de même les deux *la* de la mesure suivante et toujours ainsi jusqu'à la rentrée finale. C'est un effet des plus dramatiques, il faut le travailler longtemps pour tâcher de se le bien approprier. — Ces effets-là soigneusement ménagés, cette variation est une œuvre de toute admiration, et aussi désolée que la marche funèbre. Il y règne une puissance de désespoir vraiment extraordinaire.

4ᵉ *Variation.*

Cette petite variation est une éclaircie, elle doit scintiller là comme un diamant. — Autant la précédente était sombre, autant celle-ci est riante. Elle a les allures du *scherzo*, sa finesse et sa légèreté ; il faut bien lui en laisser l'empreinte, en liant la main droite, mais sans lourdeur, ni affectation. — Point d'excès dans les accents, beaucoup d'élégance et d'agrément. — 9 mesures avant la fin, de la vivacité dans la gamme, — la plus grande légèreté dans la basse, et tout l'ensemble conduit lestement.

5ᵉ *Variation.*

Cette variation est toute beethovénienne : le chant y est sans cesse, et n'y est jamais tout à fait. Ce qui lui donne un vague délicieux. Il faut avoir soin de conserver dans la main droite ce caractère d'indécision, en mettant une grâce infinie sur chaque note, sans en marquer particulièrement aucune, —

A la 8ᵉ mesure c'est différent : la mélodie est à la partie intérieure, et se doit bien faire entendre, tandis que l'accompagnement demeure *pianissimo*. — A la 16ᵉ mesure il faut prendre les notes syncopées sans dureté, mais avec charme, comme aussi le petit trait suivant; dont le *la bécarre* sera légèrement indiqué, et de même pour les 2 mesures suivantes. — Puis la mélodie sera bien sentie dans le haut, et soigneusement travaillée de la main droite séparément, lorsqu'elle revient au milieu, et cela afin d'éviter le barbouillage dans l'exécution. — Enfin arrive *la coda*, 16 mesures avant la fin; phrase charmante, tout élégiaque, pour laquelle il faut des doigts indépendants, car l'accompagnement doit disparaître complétement, et ne laisser place qu'à la mélodie qui s'achève en mourant, mais sans *rallentando*, tandis que la basse frappe quelques notes à peine portées.

Scherzo.

Il importe, avant tout, de bien doigter ce morceau en le déchiffrant, afin de n'être pas gêné dans la prestesse qu'il demande.

Les 2 1ʳᵉˢ mesures sont *legato*, la 3ᵉ est *staccato*; excepté lors de la 8ᵉ mesure que toutes les *noires* deviennent piquées, et les *blanches* seules bien soutenues. — Cette alliance du *legato* et du *staccato* est ce qui caractérise ce petit morceau. — Il faut donc indiquer ces oppositions-là, presque à l'excès. Comme aussi les nuances.

Dans la 1ʳᵉ partie, ce ne sont que de petits *sforzando*, mais dans la 2ᵉ il y a un accent, qui se doit marquer profondément : le 1ᵉʳ membre de la 1ʳᵉ phrase, c'est-à-dire jusqu'après la 2ᵉ *noire* de la 2ᵉ mesure, est très-*piano*. — La même durée du temps est *forte* dans la mesure suivante, et cela se répète durant 12 mesures. — Le *diminuendo* d'ensuite doit être longtemps ménagé; — à la 24ᵉ mesure il arrive un insaisissable *piano* (sans aucun *rallentando*) qui se fait au moyen de la petite *pédale*. — La rentrée du thème à la basse sera bien accentuée. — Ici la main droite n'est pas commode à cause du mouvement; il faudra l'étudier à part; et seule elle doit être *legato* et *piano*. Le même passage, reproduit et amplifié par la basse, est encore plus terrible à faire et vraiment fort difficile. — Bien entendu qu'il faudra le travailler de même.

Le *trio* n'a d'autre difficulté qu'un *legato* extrême et continuel, ce qui est toujours incommode au *piano*; bien entendu que les 4 mesures du *trio* qui ramènent le *scherzo*, se joueront avec la plus fine légèreté.

Il faut tâcher de donner une expression rêveuse à ce petit *trio*.

Marche funèbre.

Ce morceau semble une page détachée d'une symphonie; — son titre est bien tenu, car il est aussi véritablement héroïque que funèbre. — L'exécution n'en est pas aussi difficile que celle de beaucoup d'*andante*, parce que les sentiments n'y sont pas multiples, — et cette grande, cette sublime douleur, est une douleur calme pourtant, douleur solennelle pour ainsi dire, qui n'a rien des déchirements de la passion humaine, mais qui semble s'étendre pieusement sous les arceaux d'une cathédrale. — Il ne faut pas faire la faute de la rendre dramatique, son effet sera saisissant par d'autres moyens : son sentiment est profondément religieux, et voilà son incomparable grandeur. — L'essentiel, je ne dirai pas que c'est de le jouer juste, ça semble aller sans dire, pourtant c'est déjà un point qui présente ici quelques difficultés, en raison des altérations dont il est hérissé. — L'essentiel est que le son du *piano* soit bien couvert, comme lorsque les tambours ont un crêpe, ou les violons la *sourdine*. — Il faut que le *piano* rende cet effet-là, et le pianiste s'y doit appliquer. — Le mouvement sera fatalement régulier, et les *doubles croches* seront assez serrées pour que le rhythme se sente profondément. — Lors du *trio* en *la bémol* qui arrive à la 31e mesure, les nuances se marqueront vivement, et la reprise finira très-énergiquement.

Le retour du sujet se reprend *piano*, comme le commencement, toujours avec un son voilé jusqu'à la 19e mesure après la rentrée, où le *forte* peut être un peu plus découvert de son sur le *fa bémol* de la mesure suivante, qui sera profondément marqué. — Il est plein de douleur, ce *fa bémol*, et c'est l'un des plus beaux effets du morceau.

Puis enfin, et pour la 1re fois, lors du *crescendo* suivant, 11 et 10 mesures avant la fin, le son peut apparaître dans toute son intensité, sans être retenu, et fera d'autant plus d'effet ainsi ménagé.

Ces nuances auront été observées de même dans la 1re partie, qui précède le *trio*. — Pendant les 6 mesures de la fin, le *si double bémol* devra avoir des teintes lugubres.

Il est plein de deuil, ce *si* double bémol !

Allegro.

L'*allegro* final doit être mené grand train. — C'est un de ces morceaux tout d'une traite, qui se jouent, se comprennent, s'examinent rapidement.

Il faut y mettre la plus grande volubilité, et la plus grande délicatesse, avec un *legato* continuel, sauf de rares exceptions. — L'entrée de la basse à la 3e mesure est pleine d'intérêt, — c'est une sorte d'imitation des deux 1res mesures de la main droite, marchant maintenant de mouvement contraire avec elle ; — elle a tout l'attrait d'une mélodie, il la faut bien faire sentir, et d'abord appuyer profondément le *mi blanche* d'en bas, à la 9e mesure, lorsque le même dessin revient à la main droite, suivi de 5 *croches* piquées qui devront être sèchement détachées comme toutes les notes piquées de ce morceau.

Généralement la sécheresse, ou la mollesse des points, se mesure non-seulement au caractère de l'œuvre, mais encore à la rapidité ou à la lenteur du mouvement. — Dans un *adagio*, jamais le détaché ne se fera comme dans un *final allegro*. — Il faudra travailler ce morceau des mains séparées, et comme une étude de *piano*, avec lenteur et patience. — S'il était joué vite, trop tôt, il deviendrait un chaos. — A la 32ᵉ mesure, lors des octaves en contre-temps de la main droite, il faut bien faire sentir que ce sont des syncopes en les entrecoupant légèrement et de même à la basse qui les imite. — Les gammes qui descendent ensuite, seront bien marquées dans leur première note ; dans la vitesse il en faudra fondre les valeurs, de façon que les 6 ne passent pas plus vite que les 4. — On emploie ces inégalités de rhythme forcément, pour écrire des passages où il entre dans la composition plus de notes qu'il ne faut dans la mesure ; mais dans la rapidité de son jeu, l'exécutant est chargé de les égaliser. Le faire comme il est écrit, serait ici plus choquant qu'ailleurs, car une gamme, loin de ralentir à la fin la rapidité de sa course, doit plutôt l'accélérer ; il faudra beaucoup de légèreté à la rentrée du motif. — Mais ce qui est le grand effet du morceau, c'est la reprise avec 2 points en *ut mineur*, = elle commence *pianissimo* et s'élève en un *crescendo* rapide et brillant, pour s'achever par trois accords aussi secs, aussi *forte* que possible, et toujours ainsi, quand revient cette formule. — Il y faut mettre beaucoup de feu, et que ce *crescendo* montant ressemble au grondement de la foudre, qui approche, et éclate enfin. Ce passage doit exprimer une sublime grandeur.

La 2ᵉ partie est, du reste, identiquement pareille à la première, et la *coda* finira *pianissimo*. — 16 mesures avant la fin, le passage qui descend finement avec un petit *crescendo* à son milieu, et qui a un air délibéré, renferme deux écueils sans qu'il y paraisse : l'un à la 14ᵉ mesure, l'autre à la 10ᵉ mesure avant la fin. — Les notes qu'il faut soutenir en haut, durant que le trait garde son dessin, et continue lentement sa route, présentent une réelle difficulté d'exécution.

Ceci devra être étudié.

2 SONATES FANTAISIES, OP. 27,

N° 1. En ut dièse mineur,
(surnommée *Le clair de Lune*),

DÉDIÉE

A LA COMTESSE JULIETTE GUICCIARDI (PLUS TARD COMTESSE GALLENBERG).

N° 2. En mi bémol,
DÉDIÉE A LA PRINCESSE JEANNE DE LICHTENSTEIN;

PUBLIÉES EN 1802.

Le premier morceau du n° 1 a été arrangé pour le chant;
en kyrie à grand orchestre;
pour deux violons et l'allegretto en quatuor.

SONATES FANTAISIES, OP. 27. — N° 1.

Il n'existe pas chez le maître de point fixe qui détermine l'avénement de la 2ᵉ transformation de son génie; on ne peut lui assigner de place qu'à peu près, dès la 1ʳᵉ époque des éclairs lumineux annonçaient la seconde bien souvent, et parfois durant la seconde il est revenu vers la première pour un instant. Sur un tel sujet, la question de la forme est considérable, et c'est dans cet opéra 27, qu'il a rompu avec celle consacrée jusqu'alors. Les morceaux qui composent cette œuvre n'ont rien d'une sonate, que le nom. Nous pensons que ce fait est une date, et que là commence complètement ce qu'on appelle la 2ᵉ époque de Beethoven.

Adagio sostenuto.

Ce premier morceau est une véritable élégie, du style le plus élevé, le plus lyrique. Le ton en est constamment contemplatif, il faudra éviter de lui donner l'agitation d'un drame.

Les triolets qui se soutiennent sans cesse, doivent avoir la plus extrême égalité de force et de mesure, ils semblent représenter l'inflexible régularité du temps, qui fuit toujours de même, quels que soient nos joies ou nos malheurs.— Les cinq 1ʳᵉˢ mesures doivent être marquées avec quelque solennité par les rondes et les blanches de la basse, qui fait mélodie en ce moment. Puis le chanteur arrive, c'est le petit doigt de la main droite qui pleure une mélodie, où la sensibilité s'unit à la grandeur.— La 2ᵉ période de la phrase se fait en mineur, et le passage de la sixte sensible sur le *ré bécarre* de basse, est si intéressant comme modulation, qu'il le faut soigneusement indiquer par un plus grand *piano*.— A l'instant où la phrase finit en *si mineur* arrive à l'aigu un *do bécarre* tout plein de larmes; durant le temps qu'on le soutient profondément, il faut marquer le *sol bécarre* de basse, comme un écho de cette douleur. — Cette mesure se reproduit deux fois, et la seconde aura plus d'intensité encore dans les accents.

La modulation en *fa dièse* mineur, s'achève largement et énergiquement, puis un insaisissable *pianissimo* commence sur les *do, do, do,* de la main droite à la 23ᵉ mesure, ensuite petit *crescendo* suivi d'un *diminuendo*, puis des notes bien désolées à la 28ᵉ mesure, *sol, la, fa,* qui se font en appuyant un peu celle du milieu, imitées qu'elles sont à la partie intermédiaire dans la mesure suivante, encore *sol, la, fa*, et dans les deux mesures suivantes 31ᵉ et 32ᵉ c'est *do, mi, do*, que l'on doit marquer et soutenir. — Le trait qui commence là, est difficile à bien faire ; en redescendant ce trait, il faut placer les accents de deux en deux notes, toujours sur la note la plus basse, ces accents qui se trouvent ainsi être irréguliers, tantôt sur la 2ᵉ, 1ʳᵉ et 3ᵉ note du triolet donnent au passage un vague très-poétique, il doit être aussi *légato* que possible et en un *crescendo* qu'il faut habilement ménager, car il doit durer longtemps, et jusqu'au *si dièse* qui commence la 4ᵉ mesure avant la rentrée *pianissimo*, — ce *si dièse* doit être le point culminant du *crescendo*, à l'instant, le *ré bécarre* qui le suit se fait *pianissimo*, et cet effet est saisissant ; — le reste de la rentrée s'achève *pianissimo*, avec les mêmes observations pour cette reprise du sujet. — Les 10 mesures de la fin, se feront en demi-teinte, *sotto voce* tout le temps. Mais, bien que durant le plus extrême *pianissimo*, la basse marquera 10 mesures avant la fin, les *sol sol, sol, sol*, qui semblent l'image de la destinée, accomplissant implacablement son œuvre, sans nous laisser d'espoir.

Allegretto.

Eh ! si pourtant, voilà avec cet *allegretto* un peu d'espoir, il est si petit, si fugitif qu'on n'ose s'y fier encore. Il dit seulement : QUI SAIT ? Mais comme il le dit bien ! Quelle grâce dans ces notes légères, qui chantent l'espérance — quelle délicatesse d'expression, et comme elle est difficile à rendre ! — Rien de heurté, rien d'extrême : ni les *piano*, ni les *forte*, ni les points, ni les liaisons ; tout est incertain, indécis, tremblant. — On n'est pas consolé, mais on ne désespère plus de l'être, ce n'est pas encore la joie (surtout pas la gaieté) mais ce n'est plus la douleur.

Ce charmant *allegretto* qui dit partout : PEUT-ÊTRE ! reprend cependant une lueur de mélancolie à la 2ᵉ reprise avec les *ut bémol*, qui sont un souvenir du mauvais passé — il les faut appuyer un peu, — mais la confiance revient vite, et tout s'achève lestement. Bien que le *trio* proteste un peu par sa mélancolie, on ne l'écoute guère, puisqu'on recommence la 1ʳᵉ partie, en y mettant plus que jamais vitesse et légèreté.

Ce petit morceau qui n'est pas long, qui n'est pas noir, est tout simplement le plus difficile à jouer des trois. La légèreté qu'il faut y combiner au *legato*, devra être beaucoup travaillée — dans le *trio* il ne faut jamais laisser passer de silences entre les notes, qui sont parfois très-espacées. Enfin il y faut de la prestesse, de la jeunesse ; il est, ce petit morceau divin, le rayon de soleil de cette œuvre, et l'interprétation en devra être étudiée avec une perfection, un soin minutieux.

Presto agitato.

Nous l'avions bien dit, qu'il n'était pas d'espérance!

Ce morceau est d'un caractère complétement différent des deux autres : il est désespéré du commencement jusqu'à la fin.

Il faut faire *legato* les traits qui montent, sans marquer les temps surtout, et sans piquer les basses, - en frappant très-fort, mais sans lourdeur, les deux accords du haut. — La phrase en *sol* mineur, *con sordino* (ce qui là, veut dire la petite pédale), est pleine de larmes, il faut la dire bien tendrement, et marquer le *sol* qui porte le point d'orgue, d'une manière qui saisisse l'esprit — après 6 mesures de retour au sujet, commence une mélodie toujours en *sol dièse* mineur, bien désolée, il y faut mettre tout son cœur, et surtout ne pas aller jouer gaiement, ni vite, les petites notes et trilles qui s'y trouvent. — Il faut au contraire que ces ajoutés à la mélodie, par la manière lente de faire les petites notes, et passionnée de faire les cadences, contribuent à l'effet pathétique de l'ensemble — alors arrive un passage d'un intérêt considérable, 24 mesures avant les deux barres, il faut porter avec agitation chacune des notes, en leur conservant cependant un son moelleux et velouté, et nuancer une mesure *pianissimo*, une autre *fortissimo*, et toujours ainsi tant que dure cette poétique formule. — A la 14e mesure de ce jeu, surviennent deux notes piquées, suivies d'un accent, il faut absolument détacher tout à fait la note qui précède l'accent, et marquer vivement l'accent lui-même, cette note détachée, c'est un sanglot, — et tout le passage s'exécutera avec la plus grande passion.

La 2e partie reproduit le sentiment de la 1re ; il s'y trouve un charmant dessin nouveau à la 28e mesure du n° 2. Ce petit trait en sixtes se jouera bien finement, pas trop fort, et pas détaché, mais PORTÉ. — Il faut jouer toutes les notes des grandes arpéges qui précèdent les deux points d'orgue avant la fin, de façon que cela ne reproduise, en fait, que des accords arpégés : — le 1er avec sourdine et grande pédale ; le 2e très-fort avec grande pédale seule. = Le trait qui précède la fin, se fera dans la vitesse, en notes égales de valeur qu'il soit marqué en croches, doubles croches, ou par 5 ou par 6, il n'est indiqué ainsi que pour se pouvoir écrire, mais il se doit jouer comme en improvisation, sans que la mesure s'y fasse jamais sentir. — Le trait après le trille est difficile : il faut le commencer très-vite, avec un léger *ritardando* à la fin.

L'œuvre s'achève dans la plus grande agitation, dans le plus grand trouble.

SONATES FANTAISIES, OP. 27. — N° 2.

Andante.

Ce morceau est plus fantaisie que sonate, c'est-à-dire qu'il n'est même pas sonate du tout, et bien moins que le n° 1 de la même œuvre. — Ici les différentes parties sont coupées de la façon la plus inattendue : c'est d'abord un thème charmant, d'une infinie douceur, qui se doit dire en notes portées à la main droite, tandis que la gauche jette au hasard un gazouillement de notes joyeuses qui semblent un badinage ; c'est surtout dans la 2e petite reprise qu'est sensible cette différence de caractère entre les deux mains, la droite gracieusement mélancolique, dans son presque *legato* de notes *lourées*, la gauche s'amusant capricieusement à des *staccato* == l'opposition est tranchée à la 3e petite reprise, où règne seul le sentiment rêveur, la mélodie, accompagnée d'accords aussi soutenus que possible cette fois, et le contraste reparaît avec la 4e reprise, qui, après trois accords doux, tendres et *lourés*, où le changement de tonalité se doit faire remarquer, reprend le *staccato* avec beaucoup de vivacité et termine la phrase mélodique en l'enroulant de gammes légères. = Après le retour des trois accords, il faut serrer et finir délicatement les petits trilles qui ramènent les gammes et le thème, varié cette fois quelque peu. = 8 mesures avant la fin, il faut appuyer sans lourdeur les noires qui suivent chaque 1re croche de la basse et enlever un peu celle-ci. — 4 mesures avant la fin, les doubles croches liées par deux, se doivent marquer lestement, en appuyant, quoique *piano*, sur l'accord suivant.

Toute cette première partie exige la plus grande finesse dans ses détails, il y a d'infinies délicatesses à faire scintiller, comme les facettes multiples d'un diamant; l'*allegro* qui sert au milieu d'intermède, en quelque sorte, est d'une folie charmante, c'est de la musique fantaisiste si jamais il en fut, ce trait qui se jette à toute vapeur et qui finit par quatre petites notes *piano* et piquées, cela par deux fois, redescendant ensuite à la sixte pour finir *piano*, — la 2e partie à une incomparable verve, les traits montant du commencement doivent être piano et la dernière note seule très-accentuée *et pas piquée*. Le passage à la sixte est fort difficile à la fin; il demande beaucoup d'étude, car il doit être fait *crescendo*, *legato*, avec la plus grande agilité, sans aucun sentiment de *ritenuto*, tout au contraire, il faut le précipiter sur le *la b* d'en haut, avec élan et chaleur. — La reprise du *tempo primo* n'offre rien de particulier, et reproduit complétement la 1re partie.

Beethoven a dit à propos de ces deux sonates fantaisies, que celui qui veut en comprendre le sens, doit lire le *Songe d'une nuit d'été*, de Shakspeare.

Un tel programme est surtout applicable à cette 2ᵉ sonate fantaisie, dont le caractère est tout à fait surnaturel.

Allegro molto e vivace.

MOUVEMENT DE SCHERZO.

La principale difficulté de ce morceau charmant, c'est l'espace que les mains doivent franchir toutes les 2 mesures, et qui doit être inappréciable à l'oreille, car le tout est complétement lié, et les traits qui unissent les notes par trois, ne signifient point du tout de détacher la troisième. — Le *legato* complet de cette mélodie éparse est très-difficile à obtenir ; il demande beaucoup de travail, et ne se pourra bien réussir que si le morceau est su d'abord par cœur. Il n'est guère possible même, de le jouer jamais autrement. Il se doit dire constamment *piano*, excepté dans les 3 dernières mesures, qui sont *staccato* et *forte*.

Il y faut mettre beaucoup de vivacité, et quelque chose de dégagé, et de facile, qui ne trahisse rien de la difficulté qui s'y trouve.

La 3ᵉ partie est une merveille de grâce, il y faut marquer la mélodie dès les premiers *mi*, faits de la main droite, dans la 1ʳᵉ mesure. Ils doivent être scandés, quoique *piano*, et portés un peu lourdement, sans nuire au charme. — Le *crescendo* doit augmenter de note en note, pour éclater comme un tonnerre sur le trille du *sol bémol* qui sera serré avec vigueur, suivi qu'il est tout à coup d'un *piano*, qui finira la reprise en toute élégance. — Il faut singulièrement ménager les accords de basse qui commencent la 2ᵉ partie *pianissimo et louré*, avec un rhythme bien serré.

L'entrée de la main droite, semble le soupir léger d'un oiseau, — on ne saurait mettre assez de délicatesse, ni de précaution dans la manière de prendre les notes, qui surtout ne doivent pas se lier par deux, mais se *lourer* uniformément, et avec grâce.

A la 16ᵉ mesure de la rentrée du 1ᵉʳ motif, il se fait en syncopes, ce qui est plus commode dans un sens et moins dans l'autre, à cause de l'extrême égalité qui doit exister dans ces contre-temps, leur longue suite en rend l'observance bien difficile, et cela mérite une longue étude, car il faut terminer ce morceau avec beaucoup de feu.

Adagio con espressione.

Cet adagio est dans un sentiment extrêmement intime ; il faut que les sons aient cette profondeur que nous demandons si souvent, que nous demandons toujours. — Les basses doivent rester inaperçues, les *forte* seront peu marqués, et le *legato* sera aussi extrême que possible.

Lorsque la mélodie est en octaves, il est alors assez difficile de lui conserver sa liaison parfaite, et sa charmante suavité, cela s'obtient par le doigté d'abord, qui mêlé, du 4ᵉ et du 5ᵉ doigt, facilite les nuances et la liaison. — Lors des syncopes, il faut en les rhythmant, leur donner le caractère passionné que l'auteur a voulu qu'elles exprimassent.

Ces 4 mesures de syncopes doivent se dire avec feu, même lorsque le *crescendo* arrive. — Aussi lorsque le thème revient à la mesure suivante, le sentiment en sera-t-il plus vif, plus accentué que la 1ʳᵉ fois.

La gamme de la fin se fait avec une rapidité brillante; mais sur le trille, tout à coup cet éclat se change en un *piano* extrême, et le trait d'ensuite se termine avec une infinie douceur.

Allegro vivace.

Il faut traiter ce final ainsi qu'une fugue, bien que cela n'en soit pas une; marquer avec beaucoup d'intensité les 2 premières mesures du sujet, combinées ainsi : deux noires à la 1ʳᵉ mesure, puis deux croches avec trille, et une noire au 2ᵉ temps de la 2ᵉ. — Ce dessin doit être indiqué avec vigueur à chaque fois qu'il se retrouve, et les accompagnements doivent glisser inaperçus en dessous. —. Après 8 mesures d'un *glissendo* perpétuel, constellé par les notes du thème, commence un nouveau sujet : deux croches légères et une noire au 2ᵉ temps, attaqué avec décision, tandis que la basse murmure un insaisissable accompagnement, le tout dans un rhythme très-déterminé, l'opposition caractérisée des noires et des croches formant la base de ce morceau. — Après 24 mesures arrivent des accords énergiques, qui sont répétés comme en écho très-*piano* à l'octave au-dessus, ce jeu revient durant 11 mesures, et devient plus serré, et de deux en deux; vers la fin, il faut soigneusement lui conserver les effets d'un écho. Après 12 mesures d'un murmure qui va s'affaiblissant, l'intérêt se porte vers la basse, qui durant 8 mesures se doit faire entendre seule, se continuant à l'aigu, puis l'ordre s'intervertit; le murmure, le trouble, l'agitation enfin, est à la basse, et à l'aigu un chant triomphal et joyeux, dont il faut marquer les accents de deux en deux, à l'instant du retour du premier motif. — 24 mesures plus loin, l'imitation fuguée se caractérise, il faut la marquer vivement à chaque fois, faire bien saisir à l'auditeur l'alliance et le contraste des noires, des noires pointées, et des croches, y mettre vers la fin, un sentiment d'énergie qui touche à l'enthousiasme et l'empreindre d'une sorte de grandeur, toujours dans un rhythme très-prononcé; presque dûr. 18 mesure après ces imitations voici 3 mesures *piano*, *legato*, puis 3 mesures *forte staccato*, car dès l'instant des imitations il faut observer que la mesure est de trois en trois; puis après 10 mesures brillantes, voici le contraste charmant de 28 mesures pleines de mystère, durant lesquelles la main droite sera légèrement *staccato*, tandis que la gauche accentuera bien, quoique jouant *piano*, sauf lors du trille, qu'un *crescendo* rapide ramènera au thème d'un insaisissable *pianissimo*. — La 2ᵉ partie répète la première, et finit avec éclat par un long *forte*, alors reparaît l'*adagio*, qui ramène le calme et les sensations intimes de l'âme, après les agitations qui l'avaient troublée un long temps.—Après un trait capricieux et charmant, qui se devra bien étudier lentement, voilà un nouveau *presto*, qui rappelle le tumulte et le bruit, mais ce n'est plus qu'à l'état de souvenir, et le tout s'achève légèrement.

C'est une œuvre capricieuse, et vraiment géniale que cette fantaisie, bien mal à propos nommée sonate, nous n'hésitons pas à la préférer même au nº 1.

SONATE EN RÉ, OP. 28,
(Surnommée *La Pastorale*).

DÉDIÉE A M. DE SONNENFELS,

PUBLIÉE EN 1802.

Arrangée en trio, en quatuor, et en quintette.

GRANDE SONATE, OP. 28.

On a imposé à cette sonate le nom de *Pastorale*, sans doute à cause de son final dont le rhythme en $\frac{6}{8}$ a quelque chose d'agreste ; mais pastorale ou non, elle est l'une des plus belles de son illustre auteur.

Allegro.

Le mouvement de ce 1er morceau est si animé, qu'il le faut traiter, et le compter comme un scherzo : il y a un sentiment tout idéal dans les 20 premières mesures, et cette mélodie reçoit un attrait de plus, du battement précipité de la basse ; sa note grave (toujours la même), par la vivacité de ses pulsations, peint l'agitation, et d'un trait de son génie, le poëte commence cette note fatale, une mesure tout entière avant la mélodie (le trouble de l'âme précède la parole), et chose curieuse et profitable à étudier, toute la chaleur du passage est dans cette basse : changez-la, substituez-lui des batteries, la mélodie ne sera que rêveuse et mélancolique, la basse l'enflamme de passion, et cela se traduit par une seule note.

L'art n'est-il donc pas un mystère, dans son essence et dans ses moyens ?

La 21e mesure prend un caractère de décision, qui s'exprime par un accent plus rhythmé. — Il faut observer celui, si remarquable, placé à la 23e mesure. Le *la noire* qui commence au 1er temps, a toute la force, elle s'éteint sur la blanche suivante. — L'intérêt s'accroît à la 27e et 28e mesure, par la force du trait qui doit avoir quelque chose d'emporté, bien plus encore, la 2e fois à la 35e mesure, cette période se terminant au comble de l'animation, toujours soutenue qu'elle est par ces battements, réguliers dans leur agitation. Les 8 mesures suivantes sont une plainte : l'accent de la 1re note sera bien indiqué ; ce passage se paraphrase avec élégance par des croches qui doivent être très-*legato*. A la 63e mesure, les accords seront bien unis entre eux, et la chute de la phrase, gracieusement amenée, mais simplement, sans afféterie ni manière. A la 77e mesure, cette phrase s'installe tout à fait, et se jouera de même tout naïvement. Aucun accent sur aucune note, l'effet est là dans l'uniformité. Après un petit *crescendo* presque insensible, cette mélodie, jusque-là un peu incertaine, prend un caractère charmant, mélangé de grâce ingénue, et de mouvement libre et délibéré. Ce sont des nuances très-délicates à saisir, et indispensables à l'interprétation de cette œuvre, si fine et si achevée. Les petits traits qui couronnent cette mélodie, et se répètent souvent, doivent être d'une légèreté, et d'une égalité sans défaut. — Enfin en sorte de *coda*, arrive une phrase inespérée et souriante, une perle, un vrai scherzo du reste, et il faut lui en donner les allures complètes, lui imprimer une sorte de balancement, au moyen de la pression profonde du doigt sur chaque note, qui tombe toujours à contre-temps. Ce qui donne de la coquetterie, et du piquant au rhythme.

Enfin, sauf les accents particuliers, l'ensemble sera leste, gracieux et léger.

Le début de la 2e partie rappelle celui de la première durant 20 mesures. Mais alors nous entrons dans un ordre d'idées supérieures : la beauté de ce travail d'imitation suffirait à faire de cette sonate une œuvre considérable. Ceci est traité grandement, comme une symphonie, et il faut de la solennité dans la manière de l'interpréter, — où qu'il se trouve, ce pompeux dessin a 2 mesures de blanches pointées, la 3e avec une blanche et 2 croches ; où qu'il se trouve, ce pompeux dessin si plein par lui-même déjà, de vigueur, et de résolution, et qui en puise à chaque fois davantage, par l'effet de sa persistance même, doit se marquer comme des enjambées de géant, avec une fermeté que les croches n'amoindrissent pas, car cette longue formule tout en croches se jouera *forte* aussi, et cette partie de la sonate n'a rien, tant s'en faut, de délicat ni de doux. Lors du *diminuendo* il faut se bien garder d'en adoucir le ton : il faut jouer *piano*, *pianissimo*, mais avec un rhythme tout aussi serré, tout aussi terrible.

Andante.

Nous voici arrivés à un morceau qui est une merveille de grâce ; pourtant sa nature comporte un rhythme accentué : il faut donc, dès le commencement, briser la triple croche, après la double croche pointée, sans que l'énergie de la mesure, qui ne doit servir qu'à lui donner plus de piquant, nuise au charme délicieux qui doit régner constamment.

Les basses ne seront pas sèches, mais seulement piquées sans dureté, et les petits *crescendo* de la fin, si courts qu'ils soient, seront indiqués soigneusement. — La 2e reprise commence par une exclamation de tendresse plusieurs fois répétée, on augmentera un peu le son à chaque fois, — la basse répond par un accent très-sympathique, dans lequel il faut tâcher de mettre de l'émotion ; on observera que le *sol dièse*, placé à la basse, dans la 2e mesure, a pour résolution le *la* suivant de la main droite.

La 3e reprise est admirable, il y faut égalité de mesure et uniformité de son. Le 1er accent sera très-bref, quoique *piano*, et le petit trait, dont la 1re note a un accent léger, descendra comme un rang de perles limpides, et s'en ira toujours ainsi (parfois le charme est dans la régularité, et c'en est ici l'exemple). A la 6e mesure seulement, il faut un accent vivement senti, sur la 2e double croche de chaque temps. Le même jeu se répète à la 2e reprise, et durant toutes deux, il faut étudier le son qu'on tire du piano, afin qu'il soit moelleux, onctueux, imprégné de grâce. — Le retour du 1er motif ne présente pas d'épisode nouveau. Les jolies arabesques qui l'ornent, en manière de variations, doivent se faire délicatement, et laisser dominer la mélodie de la partie intermédiaire.

Ce petit morceau charmant se termine aussi *dolcissimo* que possible.

Scherzo.

Allegro vivace.

Rien de plus fin, de plus spirituel que ce divin petit scherzo. Il est si parfaitement ce que demande son titre que l'exécutant y doit penser sans distraction, afin de ne pas le laisser refroidir un instant (*scherzo, scherzen,* plaisanterie, badinage), il pétille de verve, comme de grâce. Ces 4 *fa* qui commencent, ont quelque chose de mordant, d'incisif, de saillant; les 4 mesures suivantes sont bien un vrai badinage, tout scintillant, tout souriant, et c'est avec ces 8 mesures que le morceau est fait. Sa délicatesse est si légère, qu'il jette l'esprit dans un monde de fantaisie, ce charmant caprice, qui semble la musique des sylphes et des oiseaux mouches.

Quant au trio, il est curieux : 4 mesures aussi, ni plus ni moins ; 4 mesures, répétées 6 fois, avec une variété de ravissantes harmonies, qui ne sont pas deux fois semblables. On reste ébloui, il semble un écrin de pierres précieuses qui déroule doucement sur un fond tout uni, ses mille couleurs, et ses mille facettes.

Cette merveille échappe à l'analyse matérielle, c'est un papillon dont tout contact ternirait les ailes. Cela ne s'explique pas, cela se devine seulement, et du reste, à jouer ce n'est pas difficile : c'est un charme, un souffle, une page, un rien.

Voici pourtant quelques ébauches d'indication :

Le mouvement sera vif et le rhythme excessivement serré ; les unissons, si piano qu'ils soient, seront marqués avec verve, les 4 mesures d'ensuite, légères comme le vent. — De la 16e à la 20e les 4 accords se feront en alternant de chaque main pour faciliter le *legato*, et de même chaque fois que ce passage se représentera. Dans la 2e reprise, durant les 16 premières mesures, la basse glissera le doigt de note en note, sans le lever jamais, et le même effet s'observera dans toutes les basses du trio. La main droite jouera ce trio avec simplicité, sans aucune affectation de nuances.

Rondo.

Allegro ma non troppo.

Selon toute apparence, c'est ce morceau qui a donné son nom à cette sonate, et malgré d'incontestables beautés, il est assurément le moins remarquable des quatre.

Il faut commencer par accentuer profondément toutes les noires de la basse, en donnant une certaine légèreté à la croche, sans la détacher bien entendu. Cela donnera à la mesure une sorte de balancement *louré*, qui a quelque chose d'agreste; — les entrées se marqueront ainsi : d'abord le *la* d'en haut, ensuite le *la* d'en bas et les accents vivement et lestement sentis, bien que le tout soit *piano*. = Ces 16 1res mesures doivent avoir un rhythme très-serré, pour donner de suite la couleur au morceau, — les notes piquées seront quittées prestement. A la 9e 10e et 11e mesure les *la* d'en haut seront jetés comme de petites croches, le même jeu sera reproduit après, et les petits groupes en doubles croches, y ajouteront une légèreté nouvelle. = A la 17e mesure se trouve un joli trait tout plein de gaieté et de verve, il faut avoir grand soin que la main droite commence strictement à chaque 3e double croche de la main gauche. = A la 4e mesure de ce passage, les trois 1res croches seront prises sèchement, et les 3 doubles croches piquées de la main droite, finement marquées. Le 1er temps de cette mesure a un rhythme cavalier qui est charmant, et qu'il faut bien décider. — Toute cette période demande de l'enjouement, de la délicatesse et de la vivacité, = à la 28e mesure, il faudra beaucoup de *legato*, et marquer les deux imitations consécutives de la basse = la 2e fois de ce petit passage, est au contraire toute sémillante de légèreté, puis le *legato* revient encore, — à la 43e mesure, voici une belle phrase bien carrée, d'une énergie *bonne enfant*, toute rustique, il faut la dire sans façon, sans grimace, tout bonnement, en marquant seulement la blanche d'en bas, = deux unissons bien amples, et le motif revient, = à sa 17e mesure voici une légère nuance de tendresse à observer, — dans toute cette nouvelle période il faut de la grâce, et des basses détachées légèrement, — une période de *legato* avec des imitations qui doivent bien saillir, succède à celle-ci. Et 12 mesures avant le point d'orgue, la belle phrase carrée revient. = Nous employons à dessein ce mot de carrée, parce qu'elle l'est au plus haut point. Les deux 1res mesures forment cette phrase, qui revient 3 fois, et ces 2 premières en sont de fait 4 à $\frac{3}{8}$ — impossible d'être plus carrée. C'est là ce qui imprime à cette belle et simple phrase, le cachet de la franchise et de la bonhomie, qu'il faut lui conserver; ici c'est la double croche d'en bas, qu'il faut marquer à la main droite, celle faite par le pouce de deux en deux. = Comme dans tous les finals, les mêmes épisodes se reproduisent. — Après le dernier point d'orgue, le *quasi-presto* est très-difficile à bien jouer, à cause de la rapidité du mouvement, — il faut y conserver beaucoup de limpidité, et accélérer toujours un peu jusqu'à la fin.

2 SONATES (SOL MAJEUR & RÉ MINEUR), OP. 31,

DEDIÉES A LA COMTESSE DE BROWNE.

PUBLIEES EN 1803.

La première a été arrangée en quatuor.

2 SONATES, OP. 31. — N° 1.

Allegro vivace.

Le petit dessin qui commence cette sonate doit se jeter avec une rapidité légère et douce, et l'accord de basse de la 1re mesure tombera presque en même temps que le *sol* d'en haut; il y a persistance dans ce contre-temps qui doit, dans les accords, se marquer chaque fois avec vivacité : 4 mesures *piano*, 2 *forte*, et la conclusion *piano*, *delicato* et *porté*. La seconde période de la phrase, débute par le même dessin, devenu *forte* cette fois, contraste qui se doit vigoureusement indiquer. — Enfin un *fortissimo* énergique est réservé à la 3e apparition du même dessin, seulement ébauché jusqu'alors, cette fois présenté dans son entier, et qui se doit jouer avec chaleur, et entraînement. Le même jeu se reproduit ensuite avec des alternatives de nuances, qui se doivent soigneusement observer, parce qu'elles sont l'essence même de ce motif. — A la 2e mesure la suave mélodie en *si majeur*, qui persiste dans le contre-temps, devenu syncope cette fois, se doit, par cette raison, rhythmer vivement, surtout lorsqu'il arrive dans la basse. L'accompagnement de ce chant, en batterie de la main droite, se fera *piano* et *legato*, et le thème dominera, tout en appuyant vers la fin, plus profondément que jamais les syncopes. 26 mesures avant la fin, il faudra mêler un grain de mélancolie à cette mélodie incertaine, qui change de ton à chaque mesure; 16 mesures avant les 2 barres, survient tout à coup une adorable petite phrase qu'il faut jouer avec grâce et émotion, en ménageant délicatement les alternatives de *majeur* et de *mineur*, qui lui donnent un vague ravissant, — le tout se finit *pianissimo* avec une légère teinte de *crescendo* vers le milieu, — les derniers accords se doivent abandonner avec mollesse, sans apparence de frappement, ni de détaché. — La 2e partie rappelle les effets de la première; toutefois, à la 5e mesure, commence un jeu d'octaves aussi liées que possible, à la main droite, et sans qu'il y ait possibilité pour l'oreille d'entendre le moindre intervalle, le moindre silence entre les octaves, ce qui n'est pas facile à rendre parfaitement, surtout alors que la basse a un accent contraire, et frappe de légers accords *staccato*. = 48 mesures après la reprise, il faut soigner l'égalité des arpéges, en unissant les notes élevées, c'est-à-dire tous les *ré*, et ensuite les *do* doivent être sèchement détachés. — A la 57e mesure, il est fort difficile de jouer finement ce passage annonçant la rentrée, = les *ré* de la main droite, formant contre-temps, doivent rester imperturbablement en mesure, et le 1er *ré* de basse, être frappé *forte* d'abord, — les autres notes, délicates et légères, s'en doivent aller se perdant légèrement à l'aigu, et la rentrée s'achève dans un infini *pianissimo*, — comme aussi la *coda* qui commence après le point d'orgue, 30 mesures avant la fin. Elle reproduit le rhythme à contre-temps, éternel dessin de ce morceau, mais le tout en demi-teinte et aussi *dolcissimo* que possible, hors 4 mesures très-*forte* à la fin, avant les 2 accords *pianissimo*. Il n'y aura rien de sèchement piqué dans cette fin, et les notes détachées seront seulement saisies avec mollesse et abandon.

Adagio grazioso.

Cet *adagio* est un véritable morceau de piano, il ne représente pas complétement Beethoven, et cependant personne autre que lui, peut-être, ne l'aurait pu écrire, tant il renferme de grâce et d'agrément. Son analyse esthétique est bientôt faite; il n'y a là ni grand drame, ni grande passion, mais une phrase toute de charme, reproduite sans cesse, enveloppée qu'elle est de broderies, tour à tour légères, brillantes, et d'une élégance sans égale. L'analyse de la partie matérielle, serait immense en revanche, et pour la faire bien il la faudrait prendre note par note; c'est difficile, la plume en main, d'expliquer le mécanisme, ou, du moins, cela présente quelque embarras. — D'abord, bien qu'*adagio*, il ne faut pas prendre ce morceau très-lentement, il n'y faut *jamais, jamais* rien de brusque ni de heurté, de sec ni de pointu. — Les notes surmontées de points se doivent abandonner seulement, avec mollesse, suavité, langueur en quelque sorte.

Les basses seront onctueuses, et pas positivement détachées; la mélodie glissera sur cette basse, sans paraître s'occuper d'elle, et la mesure restera régulière, tandis qu'on aura soin de la cacher.

La 1re phrase se joue *piano*, sauf deux très-légers *crescendo*, l'un à la 5e mesure, et qui se terminera au *la* d'en haut, l'autre à la 8e mesure, et qui viendra expirer sur le *fa bécarre*, détaché franchement cette fois. — A la 9e mesure, il y aura un léger accent sur le 1er, qui sera lié au 2e, mais avec grande douceur.

La mélodie est reproduite alors dans la basse, avec un *trille* qui doit être d'une extrême limpidité. — A la mesure suivante, la main droite fait un trait *leggieramente* qui est en même temps *pianissimo*, d'une extrême vivacité, et d'une extrême égalité, sans la plus petite nuance de *crescendo*. — Le même jeu se reproduit deux fois. — Les 4 mesures suivantes, auront une légère nuance de tendresse, rien de piqué, mais chaque note *portée* sans aucune lourdeur; les noires seront quelque peu marquées ainsi : *do* dans la 1re mesure, *ré* dans la 2e, *ré* en bas à la 3e, et *la* noire pointée à la 4e.

A la deuxième mesure il y aura une insaisissable augmentation de son dans les 4 dernières doubles croches, et un véritable petit *crescendo*, mais très-petit, au 1er temps de la 3e mesure, ce qui conduira toujours en augmentant, au second *mi* d'en haut, car le *ré* noire est déjà, et tout à coup *piano*, à la manière beethovénienne.

Alors commence un autre *crescendo*, très-léger, durant lequel chaque note doit être un peu, *très-peu*, plus forte que sa voisine; ce *crescendo* ne conduit qu'à un *mezzo forte*, et il n'y a pas le moindre *forte* dans tout cela.

Dans la mesure qui précède le point d'orgue, se trouve une petite figure, 3 fois répétée, elle doit aller augmentant d'intensité chaque fois: *piano, mezzo forte, forte;* l'accord est *piano*, et le trait ensuite, qui est très-difficile, se doit étudier lentement, avec persévérance, afin qu'il soit joué avec autant de finesse, d'égalité, de *legato*, que de volubilité légère. Le thème se reprend *pianissimo* cette fois, et doit être ramené avec beaucoup de charme.

Voici un épisode charmant. 8 mesures après la rentrée, la basse marquera bien les accents écrits, — la main droite entrera aussi *pianissimo* que possible, et commencera, avec élan, sur les 2 *fa doubles croches* qui finissent la 3e mesure, un *crescendo* qui se continuera jusqu'à la 5e mesure entièrement *forte*, en se fondant à la 6e en un complet *piano*. — A la 7e mesure, il faut la régularité d'un balancier de pendule pour les accords, quelque peu portés; le trait qui descend à la 8e mesure, doit être de la plus extrême délicatesse, avec une stricte observance du rhythme, qui sera très-marqué durant tout cet épisode.

La basse répète le trait dans les mêmes conditions que la main droite, et cela se dit par deux fois. Il faut mettre un éclair de passion dans les 4 mesures de notes portées qui suivent le dernier trait descendant de la basse.

Dans la mesure qui suit ce passage, la basse fait un petit trait en montant, qui doit être *staccato*, et la main droite répond par quelques notes qui doivent être plaintives, et se font en soutenant bien toutes les noires pointées. La rentrée nouvelle du thème est infiniment jolie, et se devra bien ménager.

La fin n'offre guère plus de particularité nouvelle, les 6 mesures avant le dernier point d'orgue, présentent en plus, l'attrait naturel aux syncopes, il les faut faire saillir avec soin. — Du reste, il y a encore un peu plus de trilles, un peu plus de notes dans cette partie de la fin, ce qui indique beaucoup plus de mécanisme, de travail à faire encore, pour cette péroraison d'un élégant morceau, vrai solo de concert ou de salon, qui se peut très-bien détacher de la sonate, et causera toujours un grand plaisir, s'il est joué avec tout le fini, la délicatesse, et les grâces qu'il exige.

Rondo allegretto.

Ce morceau est simple et naïf, il a même quelque chose d'ingénu, il tirera son effet d'une exécution douce et tranquille, extrêmement liée, et surtout exempte de bruit et d'affectation.

L'intérêt vient à la 16e mesure, par les triolets, qui lui apportent un peu de mouvement, mêlés qu'ils sont au rhythme de 4. — Cette union de ternaires et de binaires, où chaque partie doit bien garder son rhythme particulier, présente quelque embarras dans l'exécution. — L'un des deux rhythmes doit céder à l'autre d'une manière inappréciable à l'oreille, et ce sont les triolets qui céderont.

Le côté binaire, c'est-à-dire les croches sans triolets, représente la mélodie, et cette partie se doit conserver toujours scrupuleusement dans son intégrité.

Cette formule dont l'effet est piquant, est adoptée par l'auteur, tout le temps de ce final, qui n'offre pas un seul épisode, et n'a d'autre difficulté que celle de ce rhythme différent aux deux mains, qui demande une certaine étude.

Il faut bien mettre en saillie toutes les imitations répétées des deux mains, principalement lors du mineur à la 3e page.

En totalité, ce final excessivement long, puisqu'il a 12 pages, ne laisse pas que d'être froid, et d'un médiocre intérêt.

---

2 SONATES, OP. 31. — N° 2.

Largo et Allegro.

Cette sonate est parfaite dans toutes ses parties : les 3 morceaux en sont divins.

La 1re mesure *largo* est un récitatif, qui doit annoncer déjà une œuvre dramatique. — L'accord qui commence, sera pris onctueusement jusqu'au fond du piano, sans le moindre frappement. Il ne sera pas arpégé trop vite, et les notes iront se perdre avec mollesse dans le point d'orgue. — Toutefois il faut de suite bien arrêter la mesure, afin de donner à ce début de la solennité ; il faudra un petit temps d'arrêt sur ce point d'orgue. — Le dessin suivant de notes liées par deux, est l'image de l'agitation. Il importe à l'intelligence de l'œuvre de lui donner autant que possible ce caractère, ce qui s'obtiendra en appuyant, en serrant bien la 1re des deux notes sur la seconde, qui devra être extrêmement détachée ; — bien que cette phrase se fasse très-légèrement et très-*piano*, il faut y mettre beaucoup d'énergie, de rhythme, et de vivacité avec un doigter régulier : toujours 3 et 2. — Une mesure *adagio*, toute de sentiment, ramène le récit, — puis l'agitation reparaît, plus violente, plus caractérisée encore et de plus longue durée cette fois. — Ce passage, outre sa difficulté de style, est encore très-incommode à faire, il est indispensable d'y faire un bon doigter régulier, sans quoi on n'en pourrait jamais sortir.

La phrase s'achève par un *crescendo* très-vif, qui commence un dialogue plein de passion; passion énergique dans la partie grave, *ré, fa, la, ré*. — Passion douce et tendre dans la partie d'en haut : *la, sol ♯, la, si, la, la*, tandis que l'accompagnement poursuit imperturbablement son chemin, inaperçu et régulier. — L'opposition des sentiments, leur choc continuel, l'effet puissant de ces noires jetées à l'aigu comme des cris de douleur, toujours gradués, lors de la 10ᵉ mesure et suivantes, font de cette page une œuvre vraiment pathétique, et qui ne laisse pas de présenter, en plus beau encore, quelque analogie avec la sonate de ce nom.

Au paroxysme de la passion, le sentiment de l'agitation reparaît tout à coup, avec son rhythme régulier dans l'irrégularité : il semble que les cris ayant cessé, il ne reste plus que les mouvements du cœur, dont ces croches entrecoupées frappent le battement. — Les accords en blanches qui succèdent, se doivent marquer très-énergiquement. — A la 6ᵉ mesure de ces accords, il faut redoubler l'intensité et le rhythme des syncopes écrites avec des points.

Tout ce passage doit être singulièrement scandé, dans ces oppositions violentes de blanches, presque durement attaquées, et de noires détachées assez sèchement. — Ici beaucoup de rhythme, beaucoup de rhythme, — sur le *fortissimo* tout à coup la basse murmure *pianissimo*, et il semble des sentiments tumultueux, qui bien qu'apaisés pour l'instant, bruissent encore comme un orage à l'horizon; alors, après les deux barres, le récitatif, dans le calme de ses longues arpéges, qui se doivent faire claires et limpides avec les 2 pédales, vient exprimer ce grand apaisement. — Il faut ménager l'effet de la 6ᵉ mesure de ces arpéges, dont la grâce est indicible.

La 2ᵉ partie ne présente aucun nouvel épisode, excepté lors du point d'orgue, — le récitatif est cette fois plus développé, et précédé de 10 mesures de *legato*. — Pour ces récits, entrecoupés de points d'orgue, qui les dramatisent, et du rappel de ces croches liées par deux, qui peignent l'agitation, pour ces récits, il n'y a aucune mesure. Cela doit se déclamer comme la parole, — il faut prendre son temps, — ne pas se presser, — faire appel à son intelligence et à son cœur, ému qu'il doit être de la beauté de l'œuvre, que ces récits semblent résumer.

Après le dernier point d'orgue, au retour de l'*allegro*, les accords ne seront que *portés* mollement, les traits suivants se feront régulièrement, sans avoir égard, bien entendu, aux différences de valeur, placées là seulement afin de pouvoir écrire correctement. — Ces traits conduiront dans un léger *crescendo*, au retour du motif, et l'œuvre marchera jusqu'à la fin au milieu des sentiments les plus tumultueux, des troubles de l'âme, qui s'apaiseront tout à coup comme épuisés, sur de longs accords, qui finissent *morendo*.

Adagio.

Cet adagio appartient au style le plus poétique, et compte dans les chefs-d'œuvre de son glorieux auteur.

Le 1ᵉʳ accord se doit poser doucement, avec recueillement si j'ose dire, il doit annoncer à l'auditeur que ce qu'il va entendre vaut la peine d'être écouté.

Les notes qui commencent la 2ᵉ mesure sont déjà touchantes, et les accords qui succèdent dans le grave, sont remplis de mélancolie. Le petit trait suivant, loin d'être jeté gaiement, ajoutera à la tristesse générale, si l'exécutant est pénétré de l'obligation où il est de le rendre tristement. — Ceci est un des miracles de l'art et de la puissance de l'artiste; ayez la volonté d'exprimer la douleur, et par un indéfinissable mystère, l'œuvre en sera aussitôt imprégnée. C'est pourquoi, alors qu'il s'agit de chefs-d'œuvre, la vraie, la seule étude, est d'en bien comprendre l'esprit, le reste coule de source ensuite, et jamais on ne sera dans le faux. — Il ne faut pas faire les nuances par obéissance, alors elles ressemblent à des caricatures; il faut se les approprier, et arriver à elles, comme au moyen de représenter le drame qu'on a découvert. — Donc, la seule, la vraie étude, est la lecture longtemps répétée de l'œuvre, afin de s'imprégner de ses sentiments, de ses charmes, et qu'ils vous deviennent personnels enfin.

Après le petit trait, dont nous nous sommes trop longtemps éloigné, se trouve à la 7ᵉ mesure, une plainte charmante, qu'il faut jouer en donnant à l'instrument ces sons profonds et moelleux que nous ne cessons de réclamer. — Ici la basse adopte le même rhythme que la 1ʳᵉ partie. Mais l'esprit en doit être différent, et la main droite exprimera, bien qu'avec grâce, une sorte de souffrance, tandis que la basse restera imperturbablement rhythmée, — toutefois cette douleur de la 1ʳᵉ partie demeurera contenue jusqu'au *sol* de la 15ᵉ mesure, qui est un cri de désespoir; aussi ce *sol* doit-il avoir un son éclatant, déchirant, absolument différent de tout ce qui le précède et de tout ce qui le suit, car le *fa* d'ensuite redevient P immédiatement. — Seulement l'accord de basse qui se joue durant le *sol* est bien *tenu*. — Le petit dessin de la basse est là pour marquer l'hésitation, le désordre de l'âme. — La mélodie prend plus de puissance d'expression encore lorsqu'elle est portée dans cette région de l'instrument, qui par sa nature parle mieux au cœur que l'aigu. — Les *groupetti* qui se rencontrent ici souvent, ne se doivent pas traiter légèrement, ils ne sont là que pour ajouter à l'intérêt du passage. — Plus tard, alors que la basse croise la main droite, pour répéter à l'aigu son petit groupe de doubles crochés, il le faut faire négligemment, sans lui donner d'autre importance, que d'être un symptôme d'agitation; il n'a rien de commun avec cette phrase éloquente qui va s'élargissant toujours, pour se perdre bientôt dans un *diminuendo*. — Alors sur des notes liées de la basse, et préparées par quelques notes mollement portées, commence une phrase de grâce unique, pour laquelle il faut chercher le charme, qui ne saurait s'expliquer par des mots. — Les *fa* noires faits en même temps de la même main, devront disparaître complètement, et il faudra tâcher de trouver là un accent suave et fin, en donnant au piano un son qu'il n'aura pas eu jusqu'alors. Ce qui s'obtiendra en enfonçant profondément les doigts, pour ce qui précède, de façon à produire un son tout à fait sombre, tandis que celui-ci, un peu plus clair, sans l'être tout à fait, aura par ce moyen quelque chose de frais, et d'inattendu.

La suite de ce morceau reproduit presque uniquement les phases diverses que nous venons de traverser, il s'y joint, après la rentrée, des traits faits par la main gauche, et dont la difficulté demande beaucoup de travail, d'autant plus qu'ils ne comptent pour rien, et doivent passer comme le vent, à travers la double mélodie que réunit alors la main droite.

C'est en de semblables épisodes répétés, que s'achève cet adagio, modèle d'émotion, de suavité, de poésie, œuvre exquise et charmante, qui a le rare bonheur d'être encadrée de deux morceaux, chefs-d'œuvre aussi.

Allegretto.

Malgré son indication modérée, ce morceau se joue dans un mouvement extrême, absolument comme s'il était *scherzo*, et nous ne sommes pas guidé par l'habitude de cette tradition, lorsque nous affirmons que son effet est quadruplé par le *tempo*. Il demande seulement un pianiste rompu au mécanisme, et d'un talent net et fin ; car c'est le mouvement perpétuel que ce morceau, et le moindre désordre dans ces notes si vives et si légères, en ferait un barbouillage affreux. — Il est de toute obligation d'abord de le travailler longtemps lentement ; le vouloir prendre de suite dans son mouvement, serait le rendre impossible à jamais, il n'y faut pas laisser glisser la plus petite imperfection : — allant si vite, chaque chose doit être d'autant plus à sa place, et comme preuve, il arrive trop souvent que la 4ᵉ double croche de la 1ʳᵉ mesure ne tombe pas bien strictement avec le *la* de la main droite, de là une perturbation dans la mesure, qui est fort appréciable et fort désagréable aux oreilles les moins délicates. — La dernière double croche de la basse, et la 1ʳᵉ de la main droite, ne doivent former très-rigoureusement qu'un seul et *même son*. — Donc, la première difficulté de ce morceau, d'exécution vraiment terrible, est l'extrême égalité, et la précision des deux mains, tombant en même temps, — la difficulté de la volubilité qui ne vient qu'après, quoique réelle, est moins grande qu'il ne semble, en ce que la vitesse ne se travaille que *très-petit à très-petit*, — alors on est sûr qu'elle n'amène pas la confusion qui est la pire des choses en musique. — Il faut tout le temps un *legato* infini; quitter avec vivacité toute note piquée; mettre un entrain, une verve inépuisable, et finir avec beaucoup de chaleur et de feu.

Il n'est guère autre chose à dire en thèse générale sur cet élégant et charmant final, qui doit passer comme le vent et laisser l'auditeur dans l'éblouissement.

SONATE EN MI BÉMOL MAJEUR, OP. 33,

PUBLIÉE EN 1803.

(Cette Sonate porte, dans quelques éditions, e n° 34, on la traite comme 3ᵉ Sonate de cette œuvre. — Publiée chez Schott, à Mayence, elle porte le n° 58.)

Cette Sonate a été arrangée en quatuor par Ferdinand Reis; elle existe à quatre mains.

GRANDE SONATE, OP. 33.

Allegro.

Ce morceau commence par 16 mesures qui semblent une improvisation, — il y règne beaucoup d'indécision, c'est comme une rêverie avant d'entrer en matière, et ce procédé est très-aimé de Beethoven, qui l'a créé ; du moins nous croyons ne l'avoir jamais rencontré ailleurs. — L'exécutant doit bien observer l'intention du maître : un grand *piano* d'abord, suivi d'un *ritardando crescendo*, amenant à un point d'orgue, puis le mouvement repris lestement, et conduisant par une gamme légère, à deux autres mesures d'indécision rêveuse, — puis, nouveau retard et nouveau point d'orgue.

Cette instabilité de mouvement, ces points d'orgue réitérés, empêchent l'œuvre de s'établir ; jusque-là tout est incertitude, et c'est ici d'un grand charme. — A la 16ᵉ mesure, il faut avoir soin, après le dernier point d'orgue, de prendre le mouvement vif dans toute sa rigueur, afin de bien établir le rhythme. — A la 17ᵉ mesure, l'auteur nous dit sa pensée enfin, et l'œuvre marche régulièrement.

La 18ᵉ et la 19ᵉ mesure doivent, en reproduisant les accents des 2 premières, y mettre plus de décision, afin de faire sentir que le passage est pris, cette fois, dans une autre acception. — Il faut quelque chose de décidé dans ces 17ᵉ et 18ᵉ mesures, et tout à l'heure l'expression des deux mesures était rêveuse. Voilà le talent de l'exécutant ; — à la 19ᵉ, les doubles croches *mi, fa,* — *mi, fa, ré, fa,* se doivent jeter légèrement, en enlevant complétement la seconde des 2 notes.

Les 2 premières mesures, reparaissent dans un trille, qui leur donne une nouvelle finesse. Ensuite ce sont les *doubles croches* qui reviennent, élégantes et faciles, suivies d'un charmant passage de *staccato*, qui se doit faire en prenant les notes de très-près, les enlevant à peine au-dessus des touches, le plus sèchement et le plus brièvement possible, et le tout *piano* avec un léger *crescendo* seulement. Ce *crescendo* conduit au retour du commencement, en *mineur* cette fois, ce qui lui donne un caractère de mélancolie, qu'il faut bien observer. — Dans les 8 mesures suivantes, commençant à la 35ᵉ mesure, il importe de bien marquer les accents indiqués, c'est-à-dire le petit *sforzando* de la première des deux mesures, et le *decrescendo* de la seconde, et toujours ainsi, durant 8 mesures. — Après les cinq FA frappés très-fort, tantôt de la main droite, tantôt de la main gauche, vient une jolie mélodie en si bémol, qui se doit dire avec beaucoup de tendresse, tandis que l'accompagnement est *piano*.

—Un trait charmant, qui se fera d'une extrême légèreté, sans lever les doigts, de peur de séparer les sons, un trait charmant amène la reproduction de la mélodie avec quelques ornements de plus, et la 1re partie s'achève brillamment par de petits trilles légers, durant lesquels la basse joue délicatement des accords en syncopes, sur lesquels il faut bien se garder de rester longtemps, afin de faire sentir, en les enlevant, qu'ils sont à contre-temps.

Ce qu'il faut pour la fin, c'est une stricte observance des nuances marquées, beaucoup de légèreté, d'élégance et de brio. — Tous ces passages, où le mécanisme tient une grande place, se doivent étudier très-lentement, et des mains séparées, jusqu'à perfection complète.

La 2e partie d'une sonate est toujours le paraphrase de la 1re, sauf quelques phrases incidentes et plus de développement, qui occasionne plus de difficulté matérielle, — les idées restent les mêmes. — Ici à la 21e mesure après les deux barres, les légères doubles croches se font à la basse, et il faut prendre soin que cela ne diminue rien de leur finesse. — Cette seconde reprise est difficile, mais toujours de la même difficulté que la première; trilles légers; gammes fines et délicates, bien *legato* sans enlever les doigts; stricte observance du rhythme, qui est vif et brillant, surtout lors des 8 dernières mesures qui doivent s'achever tout à fait *staccato*.

Scherzo.

Allegretto vivace.

Voilà un exemple de la difficulté de se former une opinion d'après des éditions, contradictoires souvent avec elles-mêmes :

Ce *scherzo* porte comme indication de mouvement : *allegretto vivace*, mots qui s'excluent parfaitement entre eux, puisque *allegretto* est un diminutif *moins vif* de l'*allegro*, et le *vivace* le plus vif de tous les mouvements. — Il y a faute évidemment et il faut choisir entre ces deux mots.

Nous croyons devoir en toute assurance préférer celui de *vivace* à l'autre, car un *scherzo* n'a jamais marché *allegretto*, et cette décision pourra sembler désagréable aux exécutants, ce morceau étant d'une grande difficulté à exécuter dans le *tempo*.

Il y doit régner un extrême entrain, et même dans les plus grands *pianissimo*, le rhythme doit être fort marqué. Comme, par exemple, dans le passage commençant à la 10e mesure, — il faut très-peu de son, aucun bruit, mais beaucoup de rhythme, et les notes brèves très-lestes et très-déterminées. — Dès la 1re mesure, commence la grande difficulté : le complet *staccato* de la basse en *sotto voce*, tandis que la main droite joue *sotto voce* aussi. Hormis les exceptions d'accords *forte* au temps faible des deux 1res mesures, qui se marqueront séchement à chaque fois qu'ils se reproduiront à la 35ᵉ mesure, les deux mains jouent ensemble *staccoto* avec si peu de bruit que possible, sauf le grand accord en si bémol, qui, après 4 mesures de *staccato* arrive *fortissimo* pour revenir au détaché immédiatement. — Cet éternel *staccato* (qui est toujours très-ingrat à exprimer au piano) combiné avec des *dolce* qui en augmentent la difficulté, rendent l'exécution de ce morceau vraiment diabolique, surtout en ce qu'il va toujours, toujours, sans trêve ni repos.

La gracieuse phrase en *mi bémol* qui arrive 12 mesures avant la fin de la 1ʳᵉ reprise, n'échappe pas à cette loi fatale du *staccato*, il le faut encore observer là des deux mains à la fois, en y joignant tout le charme possible, et un *pianissimo* complet qui en double l'embarras.

La 2ᵉ partie présente exactement les mêmes circonstances et demande une exécution bien plus travaillée encore; — il s'y trouve bien plus de traits, tous subissant le *staccato*. — A la 25ᵉ mesure, apparaissent en opposition de petits groupes légers, de 5 à 6 notes, qui se doivent jeter d'un seul jet, très-rapidement, sans aucun intervalle entre les notes, — puis le *staccato* revient immuablement. Les 10 mesures de la fin auront même un redoublement de *pizzicato* et de *pianissimo*, au travers duquel brilleront par 2 fois, comme des points lumineux, les accents indiqués par de petites liaisons qui donneront du relief à la phrase. — Tout ce divin petit morceau doit passer comme un souffle et laisser l'impression d'une apparition féerique. — Nous ne voudrions pas jurer qu'il n'a pas donné à Mendelssohn l'idée première de ses *scherzi* à 2 temps. — C'est d'une parenté qui n'est pas niable.

Minuetto.

Rien de plus aimable que le menuet qui suit; tout y est grâce et agrément. — La difficulté matérielle est là de peu de chose et consiste à laisser, comme toujours, les accompagnements dans l'ombre, pour ne faire entendre que les notes de valeur, c'est-à-dire les notes de la mélodie. — Ici ce sont les notes d'en haut qui font le chant; il les faut jouer *legato* constamment et les marquer, bien qu'elles soient *piano*. — On devra observer légèrement les petits accents placés sur les *do* de la 2ᵉ partie, et donner de l'importance au *mi bémol blanche* à la 5ᵉ mesure de la 2ᵉ reprise, — l'accompagnement toujours *très-doux*.

Dans le trio, bien loin de marquer les blanches de la 1ʳᵉ et de la 2ᵉ mesure, il faut au contraire les jouer avec plus de précaution et de délicatesse que les autres, — et à la 4ᵉ mesure, bien marquer le rhythme, rendu plus léger au moyen des 2 doubles croches.

Tout peut être dit ainsi sur ce menuet, dont la suite est identique au commencement. — Ce qui doit y dominer, c'est le charme, et il n'est presque pas

un morceau de musique auquel cette recommandation ne se puisse appliquer.
— Le charme, le charme, toujours le charme ; il n'est pas d'art sans lui !

Presto.

Le grand poëte shakspearien était de bonne humeur en écrivant cette sonate; le vent d'Italie semble avoir soufflé sur Vienne ce jour-là. — Ce final adorable semble un souvenir de Tarentelle. — Les 12 premières mesures ont ce cachet d'indécision que nous avons remarqué au premier morceau de cette sonate. — Ce sont des essais de chant, comme en fait l'oiseau qui commence. — L'exécutant doit chercher à rendre ce caractère flottant, incertain et plein de poésie ; mais cet accent est d'une si grande délicatesse, qu'il est infiniment difficile à exprimer, impossible même, si on ne se l'approprie pas, et qu'on ne le veuille faire que par docilité. C'est un effet à étudier longuement.

A la 12ᵉ mesure, s'établit le rhythme, le sujet, c'est-à-dire la joie, la gaieté. — Ce merveilleux morceau est un bouquet d'artifice ; tout y brille, y scintille ; jamais de vide, jamais de défaillance, jamais d'arrêt; c'est une abondance de verve, d'allégresse, de jeunesse, de vie, qui demande une éblouissante exécution.

Il faut prendre le mouvement aussi vite que possible, et conserver tout le temps une extrême délicatesse, en marquant seulement les octaves de la basse, qui donnent le relief.

A la 20ᵉ mesure il faudra redoubler de légèreté, et faire sentir avec grâce la péroraison toute napolitaine de cette phrase.

Toutefois, à la 2ᵉ partie après les deux barres, l'homme du Nord reparaît : avec Beethoven, la passion ne perd jamais ses droits. — L'orage arrive ; non pas celui qui s'accompagne d'éclairs et de tonnerre, l'orage de l'âme, et durant 2 pages, c'est d'une chaleur d'expression digne de la plus haute symphonie ; il y faut mettre de la grandeur et de la passion, avec toute l'énergie d'exécution possible. Enfin la tempête s'apaise, emportée qu'elle est par le rhythme ardent de la basse, et se perdant bientôt dans l'animation générale.

Du reste, il y a dans cette œuvre une telle unité, que l'examen en est fait avec deux lignes. — Les mêmes observations se reproduiront sans cesse, et elles ont plutôt trait à l'esprit général qu'aux détails particuliers. — Il y faut la plus extrême égalité dans les croches de basse, beaucoup de prestesse joyeuse dans la manière de marquer à la main droite les croches liées par deux, ensuite le plus grand *legato*, un rhythme très-serré, des *piano* insaisissables, des *forte* éclatants, une grande souplesse de doigts, beaucoup de clarté, de netteté, de fini, et planant sur le tout, un entrain intarissable, une surabondance de gaieté et de vitesse, qui doit laisser l'auditeur dans l'étourdissement.

ANDANTE, OP. 35,

(Ce morceau avait été composé pour la Sonate op. 53, dont il était l'*andante,* on la trouva généralement trop longue ainsi ; Beethoven la remplaça par quelques mesures d'introduction au final, et l'on grava séparément ce morceau en lui donnant un n° d'œuvre qu'il ne peut pas porter, puisqu'il a été écrit en même temps que l'opéra 53, en 1806.)

ANDANTE, OP. 35.

Grazioso con moto.

Ce morceau appartient aux sentiments tempérés, il est écrit dans la toute première manière du maître. — Le charme y doit dominer. — Il se jouera avec un continuel *legato*, les *gruppetti* se dénoueront moelleusement, gracieusement — à la 9e mesure et aux suivantes il faudra observer que les doubles croches suivies de silences ne soient pas quittées sèchement, mais avec la plus grande douceur, — à la 17e mesure il faut beaucoup de suavité sur cette gracieuse modulation, et beaucoup de rhythme en même temps, avec de l'abandon au moment de la rentrée à la 6e mesure ensuite. — A la 26e mesure les groupes seront légers—à la 31e il faut travailler les petits traits, afin qu'ils soient extrêmement *staccato*; 7 mesures au delà, il faut bien rhythmer, et augmenter les syncopes jusqu'à la croche suivante qui aura un accent, sans dureté, seulement légèrement senti. A la 2e mesure ensuite, le trait des deux mains est difficile, on y doit conserver beaucoup de netteté, il se répète deux fois, la 2e sera un peu moins *piano*, le trait en tierces est difficile à cause du *staccato* qui doit être très-fin, on augmentera toute la terminaison de cette phrase, et au point le plus *forte*, tout à coup voilà sans transition un petit trait par deux, qui doit se faire tout en voltigeant, finement et *piano*, avec un doigter régulier de deux en deux pour faciliter les accents; la phrase finit gracieusement, puis le thème revient en mineur, et la main gauche joue *legato* et *piano* un accompagnement d'une extrême élégance, dont il faudra faire sentir les délicatesses.

La reprise en *si bémol* est un bijou : d'abord à la mesure qui précède les deux barres, se trouvent deux *fa* dont le premier commence déjà le rhythme qui va suivre, et se jette lestement sur le second. Il faut observer tout le temps ce même acccent, qui est plein de finesse, et tâcher de détacher chaque note, même la brève, ce qui est bien difficile ; — durant ce temps, la basse est très-soutenue, alors qu'arrivent les octaves le même jeu se continue. — Le commencement de la 2e reprise, comme opposition est tout à fait *legato*. Les noires sont tenues à l'aigu et au grave, et les triples croches sont comme un murmure, sans qu'aucune note en soit *martelée*; la fin de cette reprise a les mêmes accents que la première.

Au n° 2, se trouvent quelques notes qui sont comme de petites exclamations, ce sont des souvenirs du thème, et des préparations à son prochain retour, il faut donner à ce peu de notes la même expression qu'au thème, gracieuse et un peu mélancolique. Au moment où il n'y a plus qu'un seul bémol à la clef, il y a dans la basse un joli dessin, véritable variation, qui se jouera avec délicatesse, et *legato*. 16 mesures après, survient une charmante modulation en *ré bémol*, qu'il faut jouer bien *pianissimo* en couvrant les sons, afin de produire l'effet que ce passage est entendu de loin ; à la 6ᵉ mesure de cette modulation en *ré bémol*, la main droite est difficile : à cause de la double partie continuelle, il faut en observer soigneusement les tenues. A la fin de cette même variation, il faut avoir soin que les octaves de la main droite ne s'alourdissent pas. Il n'y a d'accent, et très-léger même, que sur la 1ʳᵉ triple croche de chaque mesure.

Vient alors une longue série d'octaves, chacun de ces petits traits aura un accent vivement senti en commençant. Le reste sera piqué légèrement, et la noire qui finit, sera tenue, mais sans être cependant plus appuyée. Le même accent se fera plus tard à la basse.

Après les 4 mesures d'octaves de basse, il n'y a, durant 6 mesures d'accent que la 1ʳᵉ note du 3ᵉ temps, qui sera légèrement plus enfoncée que les autres, mais sans y rester davantage.

A la 7ᵉ mesure, il y a uniformité, et ce n'est plus qu'un *crescendo* de 4 mesures, suivi d'un *diminuendo* de 6, qui revient au thème, suspendu tout à coup par un charmant incident : un passage tout scintillant de légèreté, en notes, souvent par deux, qui gazouillent avec agrément et gaieté ; quand ces notes deviennent doubles, elles devront se travailler soigneusement des mains séparées.

A la 10ᵉ mesure, ce passage continue *diminuendo* sur une longue gamme de basse, qui doit être bien égale et limpide.

Il faut travailler cet ensemble : les notes doivent tomber l'une avec l'autre correctement, et les tierces et sixtes se faire avec facilité, sans gêne, ni roideur, ce qui n'est pas aisé. Après ce passage, commence une sorte de *coda* : à la main droite les doubles croches, suivies de quarts de soupirs, s'abandonneront sans sécheresse. Ces demi-phrases semblent des soupirs légers.

La basse devra être travaillée à part, à cause des notes espacées, qui doivent tomber bien juste et sans effort, seulement en étendant la main avec souplesse.

Tout ceci s'en ira *perdendosi*.

Le souvenir du thème qui revient 13 mesures avant la fin, sera très-doux, constellé de 2 accents assez-vifs (6ᵉ et 8ᵉ mesures avant la fin) et se terminera *forte*, mais les 2 derniers petits accords seront *pianissimo*.

2 SONATES (SOL MINEUR, SOL MAJEUR), OP. 49,

PUBLIÉES EN 1805.

(Ces petites Sonates ne portent pas de date dans le catalogue, il est évident, d'après leur style, qu'on leur a mis un chiffre de hasard ; elles n'appartiennent pas à une époque si avancée, on serait même embarrassé de les classer. On suppose généralement que ces deux Sonates auront été commandées à Beethoven par quelque élève.)

SONATE, OP. 49. — N° 1.

Il est hors de doute que ces deux sonates portent un numéro qui ne leur appartient pas, elles ont été gravées à l'époque où l'œuvre du maître était arrivée à ce chiffre ; mais elles sont si peu en place qu'on serait même embarrassé de leur en donner un antérieur, tant elles font peu partie du glorieux catalogue de l'auteur ! — En effet, les premiers morceaux de ces deux sonates ne sont même pas dans ce qui s'appelle la première époque de Beethoven. — Ils pourraient être écrits par un autre enfin, et le propre de ce maître immortel est que pas une de ses œuvres (hors ces deux petites sonates) ne pouvait être écrite que par lui-même, et porte son nom inscrit en lettres de feu. — Nous ne parlerons donc de ces sonates que pour mémoire, et afin de ne pas laisser de lacune dans notre travail. — Elles sont pourtant jolies, simples et naïves, ce qui n'est pas d'un mince mérite ; elles semblent seulement hors de propos, écrasées qu'elles sont par leurs colossales voisines. — Ce sont de petites fleurs des champs, perdues dans des massifs gigantesques des tropiques, et à Dieu ne plaise qu'on dédaigne jamais les petites fleurs des champs ! — L'*andante* qui sert de premier morceau à la première sonate, est en définitive très-joli ; mais nous l'apprécierions plus, s'il était du grand Haydn, parce qu'il est dans la manière de ce divin maître, dans celle qu'il a créée ; tandis qu'il n'appartient pas à celle de Beethoven ; nous croyons rendre ainsi notre pensée tout entière : écrire une belle œuvre dans le style d'un autre, c'est faire acte de talent ; écrire une belle œuvre dans un style à soi, c'est faire acte de génie. — Une chose qui paraîtra étrange peut-être, c'est que cette petite sonate n'est pas facile à jouer, et comme style justement. — Elle demande la plus grande correction, une observation rigoureuse de tous les signes, de toutes les nuances, on ne se sauve pas ici d'une imperfection, par un grand effet général, c'est un de ces cas dans lesquels s'emploient les couleurs, et les pinceaux de la miniature. — Pas le moindre bruit, les *forte* même doivent être appropriés au caractère qu'ils représentent, beaucoup de modération dans les nuances, dans les effets. — Il n'y a point de drame ici, et toute agitation y serait ridicule ; il y doit régner beaucoup d'amabilité, d'agrément, un ton très-simple et très-naturel, c'est la difficulté de ce morceau, difficulté assez grande à cette heure, où la naïveté dans l'art s'en va se perdant chaque jour. — Le *rondo* est de beaucoup supérieur au premier morceau, il est de même d'une grande sobriété d'effets avec une nuance d'individualisme très-marquée ; rien n'est plus charmant que la première phrase, qui se doit jouer très-légèrement, en indiquant bien les accents ; l'entrée du mineur, à la 21e mesure, se doit marquer, mais toujours sans un trop grand déploiement de force ; 12 mesures après ce mineur commence une délicieuse mélodie, dans laquelle il ne faut rien de minaudier ; elle doit aller tout droit, sans manières, ce qui lui donne quelque chose de naturel et de bon enfant. — Après 16 mesures de cette mélodie, il en vient 4 où se doit mettre un peu de tendresse, mais pas trop, toujours avec un sentiment tempéré, puis la phrase s'achève dans un *gruppetto* où il faut de la grâce. — Le reste du morceau n'est que le retour de ces mêmes passages, les mêmes nuances s'y doivent observer. — Quant à sa difficulté matérielle, elle est nulle, et, grâce à ces deux sonates, on peut mettre dans les mains d'un élève, jeune encore, ce grand nom de Beethoven, qu'il n'apprendra jamais trop tôt à épeler.

SONATE, OP. 49. — N° 2.

Allegro ma non troppo.

Le premier morceau de cette sonate est très-agréable, toutefois on ne croirait jamais en l'entendant que Beethoven en est l'auteur. — Il y règne surtout une certaine froideur, dont il est à mille lieues d'ordinaire, et qui nous fait préférer le premier morceau de la première sonate. — Bien que ce soit, nous le répétons, un morceau agréable, cette sonate est moins difficile encore que la première ; elle offre cette particularité, qu'il n'y a pas une seule nuance de marquée dans le premier morceau, ce qui ne veut pas dire qu'on le doit jouer sans aucune couleur, bien entendu. — Il doit débuter *mezzo forte* ; — à la 6e mesure, il faut jouer *dolce*, en appuyant un peu sur les notes liées par deux ; — à la 15e mesure, il faut de la grâce et de l'abandon dans la jolie phrase qui dure 5 mesures ; à la 20me commence une mélodie *piano*, dont il faut bien marquer le rhythme, pour qu'elle ne traîne pas, — les points et les accents seront indiqués. — A la 36e mesure, arrive une suite de gammes, tantôt d'une main, tantôt de l'autre, qui se doivent jeter brillamment et légèrement, tout ce passage de gammes sera un long *crescendo*. — On marquera les quatre noires de la mesure suivante, afin de bien accentuer le mouvement de tout le morceau qui se finira dans les quatre dernières mesures, avec beaucoup de décision dans le rhythme, et *forte*. — La deuxième partie n'offre pas de nouvel épisode, et les mêmes nuances s'y reproduiront.

Tempo di minuetto.

Le délicieux motif de ce menuet est beethovénien ; enfin, il fait songer au thème à variations du septuor. — Ceci est vraiment charmant. — Les développements de ce morceau n'en valent pas le sujet peut-être. — Après 20 mesures qui se joueront *piano*, mais pas trop doux pourtant, et avec toute la grâce possible, arrivent des gammes qui se feront légèrement et également, et tout le passage qui les suit doit avoir ce même caractère de vivacité légère, jusqu'à la rentrée du thème, qui se doit bien ménager dans un *diminuendo* et un *pianissimo* extrêmes, faits à l'aide de la petite pédale. On aura soin de bien briser les doubles croches qui sont après les points, afin de serrer le rhythme, qui est déjà celui du thème, que vous préparez par là, selon la volonté de l'auteur.

Durant tout ce morceau, l'observance de la mesure stricte, est de toute rigueur, le menuet devant de sa nature être extrêmement rhythmé. — La petite reprise en *ut majeur* entre les deux barres, se doit dire avec charme et pas par trop *piano*, mais pas *forte* non plus. — Il y a de l'élégance à la 4ᵉ mesure; les accents s'y doivent observer, et les *sol crochés* seuls sont écrits ainsi pour être observés mollement, et sans la moindre sécheresse. — Les 12 dernières mesures se doivent jouer avec animation.

GRANDE SONATE EN UT MAJEUR, OP. 53,

DÉDIÉE AU COMTE DE WALDSTEIN

(Le comte de Waldstein fut le premier protecteur de Beethoven à Bonn, et lui fit faire une pension par l'Électeur pour aller étudier à Vienne),

PUBLIÉE EN 1805.

(Dans l'origine, l'*andante* op. 35 avait été écrit pour cette Sonate).

Cette Sonate est arrangée à quatre mains et en quatuor par le prince Galitzin.

SONATE, OP. 53 (*L'AURORE*).

Allegro con brio.

Cette Sonate est connue sous le nom de l'*Aurore*.
Mais nous répétons ici ce que nous avons dit déjà : aucun de ces titres n'a été donné par l'auteur, hors pour la Pathétique et celle des Adieux.
Le 1er morceau de cette sonate est d'une magnificence extraordinaire, et semble représenter le désordre des éléments ; il commence par des *piano* d'une excessive délicatesse qui sont comme un mystère et se doivent jouer d'un *legato* infini. De temps à autre un *crescendo* essaye de percer ce brouillard effrayant, mais il reste indécis, et l'effet nuageux, brumeux, persiste, — un *diminuendo* de notes *staccato* amène à la 35e mesure une mélodie dont le sentiment est tout religieux. Cette prière de 8 mesures se paraphrase ensuite en une sorte de variation, où le charme doit s'unir à la simplicité, = à la 16e mesure de cette mélodie, des syncopes qui se devront rigoureusement marquer, viennent lui donner plus de caractère, = les 4 mesures après ces syncopes doivent être marquées, dans chacune de leurs croches, et les 12 notes de chaque mesure bien détachées, parce qu'elles forment en quelque sorte mélodie ; = à la 5e mesure ensuite, reviennent les doubles croches, qui se doivent exécuter brillamment, de toute vitesse et de tout *brio*, = 20 mesures avant la reprise, il importe de marquer vivement la 1re note du 1er et du 3e temps. Puis reviennent des *piano* deux fois suivis de *crescendo*, et amenant à une élégante cadence, qui se devra bien travailler de la main gauche. Ce trille est suivi d'une sorte de murmure, pour lequel il faut avoir soin de confondre toutes les notes dans un complet *legato*. C'est un effet remarquable, qui se représente 2 fois, et qu'on doit bien s'approprier, il semble le vent au travers d'une forêt, c'est là l'impression qu'il faut arriver à produire, pour cela, il ne faut pas le moindre mouvement de la main gauche, ni des doigts. La première partie s'achève en 6 mesures *legato*, qui en modulant, portent à la rêverie, et la doivent exprimer.

Les 4 premières mesures de la 2e partie sont la suite de cette même impression, et ramènent de cette façon aux sentiments contemplatifs de la première. Mais tout à coup quelques légers nuages traversent cette aurore renaissante, il en faut faire saillir chaque groupe, délicatement d'abord, puis plus profondément en amenant enfin l'orage, la tempête, c'est-à-dire la passion, car l'art parle un langage figuré, et n'a la prétention d'imiter la grêle ni la pluie.

Cette tempête monte, et les *piano* dont elle est accompagnée, et qu'il faudra bien observer, ne servent qu'à lui communiquer quelque chose de plus sinistre, le *pianissimo* même, 26 mesures avant le point d'orgue, n'a rien là de doux, mais au contraire doit inspirer une terreur mystérieuse. Il se change en éclats furieux 12 mesures avant le point d'orgue, et se vient rasséréner dans le 1er thème, dont le mouvement doux, et régulier, apporte à l'âme le calme et le repos. Il revient quelques souvenirs des orages, qui se perdent en 2 points d'orgue successifs, exprimant l'hésitation.

3 jolies mesures d'incertitude, se doivent jouer légèrement, et craintivement, pour ainsi dire, et ramènent définitivement au motif, bien établi cette fois. Les 4 mesures de *staccato*, gracieux, et léger, reviennent à la douce mélodie de l'église, dont chaque fois il faut faire sentir la modulation mineure à la 4e mesure, en la reprenant plus *mezzo voce* encore.

La gamme conduisant à la variation, doit demeurer *piano* tout le temps, comme cette variation elle-même, sauf un très-léger *crescendo*, qui se présente 2 fois, avec les syncopes, et les brillants épisodes de la 1re partie.

8 mesures après le trille, une suite de modulations, terminées par une cadence rompue, fait revenir le thème, en *ré bémol* cette fois, ce à quoi on était loin de s'attendre, originalité charmante, qu'il faut faire valoir, et mettre en sa place, en l'accélérant un peu, comme chose transitoire et de fantaisie seulement. Ce n'est en effet qu'une sorte de *coda*, où le rhythme se resserre, et se hâte, ce qui donne beaucoup de chaleur à toute cette péroraison.

17 mesures avant le dernier point d'orgue, les syncopes viennent encore par 2 fois presser le mouvement, il importe de leur donner beaucoup d'animation, le reste jusqu'au point d'orgue est un vrai tourbillon. Les basses en dixièmes demandent à être beaucoup travaillées, il faut les serrer vivement, ce passage doit être appris par cœur. — Les traits des 2 points d'orgue, qui se feront *forte*, et très-vite, ajouteront à l'animation de l'ensemble, contre laquelle protesteront 11 mesures de souvenir religieux, emportées dans la tempête de *crescendo* par laquelle l'œuvre se termine vigoureusement.

INTRODUZIONE.

Adagio molto.

Cet *adagio* trop court est un adorable morceau; il y règne une impression de rêverie et de solitude, que l'exécutant doit s'attacher à rendre avec une attention constante, car une note brusque gâterait tout, *et l'on ne doit pas entendre un seul forte* durant tout le temps.

Il commence, lui aussi, par un *piano* excessif qui se rendra, en appuyant, en creusant les touches du piano bien à fond, afin que le son ait de la profondeur, et nous ne saurions répéter trop que cette qualité de son doit servir à tous les *adagio* — les notes prises ainsi, les doigts ne se lèveront point, et se glisseront de touche en touche, pour éviter tout intervalle, c'est-à-dire tout *refroidissement* entre les sons. Cet intervalle, ce refroidissement entre les sons, c'est la sécheresse qui l'apporte, et c'est contre elle que le pianiste doit combattre sans cesse. Elle est l'ennemie de tout sentiment. Au contraire ce morceau doit être joué avec une mollesse extrême; nous ne voulons pas d'un jeu mou, ce n'est pas cette mollesse-là que nous entendons, nous entendons la mollesse qui est de la suavité, et rend le jeu onctueux, au lieu de pointu.

Ceci n'empêche pas le rhythme, et les triples croches du commencement se devront passer très-vivement, — les accords de la 2ᵉ mesure ne seront pas piqués, mais portés doucement, et ces différents jeux se représentent plusieurs fois. — A la 8ᵉ mesure il faut prendre soin de ne pas détacher les accords, ils seront abandonnés mollement, — à la 10ᵉ mesure commence une douce mélopée de 6 mesures d'une tendresse, d'une grâce ravissante, le rhythme en sera marqué strictement, surtout dans les syncopes ; les points ne seront que portés, et les imitations qui s'enroulent en 4 parties à la 2ᵉ et 4ᵉ mesure se feront bien apprécier, en marquant, *mais en marquant à peine*, la première note de chacune, par exemple à la 2ᵉ mesure on indiquera légèrement l'entrée de chaque *fa dièse*, à la 4ᵉ mesure il en sera de même du *sol dièse*, et ceci afin d'attirer l'attention de l'auditeur, de le lui faire remarquer et comprendre, — 8 mesures avant la fin, il s'ajoute comme intérêt nouveau : de petits groupes de triples croches, que la main gauche doit faire légèrement en marquant seulement un peu les noires, surtout les deux *fa bémol* indiqués.— 4 mesures avant la fin, les triples croches liées par deux, descendront bien délicatement, et le tout finira dans un extrême *pianissimo*, en notes portées et laissées, qui semblent des soupirs légers.

Rondo.

Allegretto moderato.

Il importe d'être ici bien maître de soi, et de ne pas commencer trop vite ce morceau, d'abord afin de se ménager, car il est d'une extrême longueur, ensuite pour se laisser toute latitude lors de l'*accelerando* de la dernière partie.

Ce dernier morceau commence plus encore que les deux autres par un *pianissimo*, qui donne à la phrase une exquise finesse. Ce début a en même temps quelque chose d'innocent, qui est charmant, il le faut jouer très-naïvement.

Cette grâce ingénue, cette fraîcheur qui surprend l'esprit, voilà son titre compris et justifié : ceci c'est l'*aurore*.

Aurore de la vie, ou aurore du jour, c'est bien un matin, que rien n'a encore fané ni flétri.

A la 23ᵉ mesure le trait se fera très-*legato*, il faut mettre à tout ce passage la plus extrême délicatesse, et ne marquer le *crescendo* que légèrement puisqu'on revient au *pianissimo*, — alors la basse devient un murmure à peine distingué, mais qui doit être d'une grande netteté, comme lors du trille, qui se fera bien limpide et *crescendo;* la main gauche (très-difficile) sera claire et rapide, les gammes montantes *crescendo*, et *staccato* en descendant.

8 mesures plus loin commence une phrase d'une rare beauté, il faut la plus grande énergie dans ces unissons, si résolus, et si sauvages; ils conduiront à 2 mesures *forte* fort rhythmées : 2 mesures *piano* toutes de délicatesse, et ce jeu se reproduit plusieurs fois, se perdant ensuite en un *pianissimo*.

La 1ʳᵉ partie se reproduit identiquement jusqu'au mineur en *ut*, où la phrase farouche se retrouve en contre-temps, elle précède une longue suite de triolets qui font une broderie élégante sur ce même sujet, travaillé tantôt d'une main tantôt de l'autre, — les triolets doivent être légers, bien que *forte*, et les octaves bien pesantes, et rhythmées.

Ceci est une véritable étude de piano, et se doit travailler lentement, longuement, des mains séparées. — Cette péroraison finit *forte*, bien qu'avec de légères nuances de *diminuendo* qui se doivent toujours observer avec soin, en marquant les 12 mesures syncopées de la fin. 62 mesures avant les bécarres posés à la clef, et justement là où finissent les syncopes, est un long effet d'arpéges qui ne dure pas moins de 36 mesures, et dans lequel le talent du mécanisme se peut déployer à l'aise. Tout ce dernier morceau est un véritable concerto de piano. — Cette seule fois entre tant de sonates, Beethoven a été soliste véritablement. — Puisqu'il en est ainsi, le pianiste habile en profitera, et s'il aime le brillant, il sera servi à souhait par cette multitude de notes, qui vont, sans repos ni cesse, se poser enfin sur les accords *fortissimo* qui précèdent le *prestissimo*, et deviennent *pianissimo* avec **PPP** au moment du point d'orgue.

Ce *prestissimo* s'attaque subitement par un formidable unisson, et le thème reparaît dans des proportions de mouvement impossibles. Tout ce final, qui ne ressemble pour ainsi dire pas à Beethoven, parce qu'il est un peu *morceau de bravoure*, se doit travailler comme une étude de piano, sans quoi il deviendrait aisément un barbouillage informe. A la 9ᵉ mesure déjà il faut étudier avec attention le trait des deux mains et bien scander la basse lors du passage qui commence à la 17ᵉ mesure. — Après le rappel du thème voilà encore des arpéges avec grande pédale; et les deux pédales quand elles sont *pianissimo*. — Ces arpéges sont encore des effets à pianistes, où l'on peut faire briller son goût pour l'exécution. La page suivante est d'une difficulté considérable à cause de l'excessif mouvement; — ces octaves *pianissimo* et *legato*, qui dialoguent des deux mains, ce trille du pouce à l'aigu, avec le thème à l'aigu, et l'accompagnement de triolets à la basse, changeant de position plusieurs fois, tout cela doit passer avec la rapidité d'un tourbillon, et franchement, c'est là une œuvre que nous ne conseillons pas d'aborder trop tôt.

Pour être interprétée convenablement, cette sonate demande un pianiste rompu déjà aux difficultés de toutes sortes.

SONATE EN FA MAJEUR, OP. 54,

PUBLIÉE EN 1806.

SONATE, OP. 54.

Tempo di minuetto.

Toute les fois qu'un morceau porte pour désignation de mouvement : *Tempo di minuetto*, il se doit rhythmer très-strictement et très-vivement, en passant lestement sur les notes brèves. C'est l'esprit propre au menuet, il importe de lui conserver son caractère.

Il est donc bien convenu que durant les 24 premières mesures de ce morceau, toutes les doubles croches seront très-brèves, tandis qu'au moyen des notes longues on marquera un peu chaque temps, mais très-peu, excessivement peu, sans aucune lourdeur, et seulement de façon à donner au rhythme quelque chose de plus décidé; les *rinforzando* seront peu indiqués, et toutes les croches qui suivent les noires se quitteront sans secousse; la longue période de 29 mesures en octaves commencera par un *forte* et durera tout le temps dans cette même nuance, très-énergique et très-*staccato*, sans défaillance, sans lourdeur, ni changement d'aucune sorte. = L'extrême régularité est ici la première obligation de l'exécutant, — quelque fatigue qu'il éprouve, on ne doit s'en douter jamais; mais il doit travailler cette fatigue même comme un défaut; car s'il ne met pas de roideur, il arrivera à la fin aisément. = Les *rinforzando* marqués s'observeront soigneusement et donneront du relief à cette longue période; elle s'achève avec le même *staccato* dans un *piano*, qui après un léger *crescendo* devient un *pianissimo*, au moyen duquel la rentrée s'opère gracieusement. — Ces 16 dernières mesures se feront avec toute la délicatesse qu'il se pourra; les 22 mesures de retour au thème qui précèdent les nouvelles octaves, forment une sorte de variation de la première fois. Comme ces légères doubles croches sont placées là pour augmenter l'agrément de ce thème, il faudra les passer légèrement, et mettre de l'élégance en marquant les syncopes de croches qui se trouvent à la 17e, 19e, 20e et 21e mesure. Les observations pour les octaves de cette 2e fois sont les mêmes que pour la 1re. Elles sont interrompues bientôt, et la variation qui les suit, est plus compliquée cette fois, et renferme plus de notes, de sorte qu'il y a encore accroissement de légèreté et d'élégance à la 15e mesure de cette variation, et aussi à la 17e il se trouve des valeurs irrégulières, et tout ensemble des 6, des 3, des 4, puis encore des 6; c'est marqué ainsi, non pour que ce soit inégal, mais afin de se pouvoir écrire commodément. — Nonobstant ces différentes valeurs, le mouvement sera tout le temps de la mesure le même, et les différences se fondront dans l'exécution. — Le trait descendant est difficile, et demande de l'étude, comme aussi les trilles dont la finesse et l'égalité doivent être exquises, le dernier trille sur *do* doit aller tout en diminuant, et le petit trait suivant se jouer *pianissimo* comme un souffle. Enfin c'est *pianissimo* aussi que doit se terminer ce beau morceau qui appartient au style sérieux.

Allegretto.

Ce second morceau est sérieux aussi et très-difficile ; il faut avoir un bon mécanisme pour le bien interpréter, parce que les deux mains y jouent le même rôle constamment, et doivent avoir une même dextérité.

Il commence *dolce* et *legato* à la basse ; mais le *fa* croche de la 3e mesure se doit marquer vivement tout à coup. Le même jeu s'observera soigneusement, chaque fois que cette combinaison se retrouvera dans le morceau, ce qui arrivera souvent. A la 5e mesure c'est le tour de la main droite de l'imiter. = A la 13e, 14e, 15e, 16e mesure, ce rhythme devient plus serré, et se marquera encore plus. — Il faut aussi briser vigoureusement le petit trille de la basse à la première mesure du n° 2, et le tout doit être d'une égalité parfaite de mouvement et de son, sans qu'il y ait jamais rien de heurté.

C'est une eau qui coule, claire et limpide, et dont les seules aspérités, c'est-à-dire les seuls reliefs sont les *croches* marquées *sforzando* de temps en temps.

Cet *allegro* a une telle unité de pensée et d'exécution matérielle, que tout est bientôt dit sur lui et que les mêmes observations se retrouvent partout.

12 mesures avant les deux barres qui précèdent la fin, il faut faire les notes en contre-temps de la main droite, piquées et avec la régularité d'un balanlancier de pendule. A la 5e mesure plus loin, la basse doit piquer la double croche bien vivement, ce qui n'est guère commode et aura besoin de travail.

La dernière page se doit dire avec la plus grande animation et la plus grande chaleur, accompagnées avant toute chose, bien entendu, de la plus grande netteté.

GRANDE SONATE EN FA MINEUR, OP. 57,

DEDIÉE A M. LE COMTE DE BRUNSWICK.

PUBLIÉE EN 1807.

Cette Sonate est arrangée à quatre mains.

GRANDE SONATE, OP. 57 (FA MINEUR).

Il est peu de sonates de Beethoven qui ne pourraient porter le titre de *pathétique* ou de *dramatique*, qu'il a donné à deux d'entre elles : assurément aucune ne le mérite mieux que celle-ci.

Allegro assai.

Ce mouvement sera fort vif, mais avec largeur pourtant, et un rhythme très-accentué.

Le 1er morceau débute par un dessin, en même temps noble et passionné, qui se reproduira sans cesse ensuite, sous toutes les formes. — A chaque fois il faut lui conserver le caractère de l'agitation, et bien le rhythmer, au moyen de la double croche, qui doit être faite lestement, en ne passant jamais le doigt après cette double croche, ce qui en gênerait la vivacité, mais en se servant d'un doigter de substitution.

Par exemple : au commencement de la 3e mesure, en mettant le cinquième doigt sur le *fa* noire pointée, et y substituant le pouce à l'instant, et toujours ainsi, chaque fois que le passage se représente.

Le trille sur le *ré* ♮ doit être fait très-finement, et les 3 doubles croches qui le suivent, ne doivent pas avoir plus de valeur que la terminaison ordinaire d'un trille, et chaque fois ainsi. — Lors du *poco ritardando* PP., il faut ralentir à peine, et seulement tout à la fin, le *ritardando* étant d'un style vulgaire, ne se doit employer qu'avec la plus grande modération. — Le trait d'ensuite, qui descend, doit être jeté avec fougue, et l'accord *forte* qui le suit, et qui paraît annoncer un passage énergique, est subitement suivi d'un accord *piano*, complétement inattendu, procédé très-familier à Beethoven, et qu'il se faut bien approprier, en indiquant beaucoup les deux nuances différentes.

Après le point d'orgue, la formule du commencement, qui n'était qu'ébauchée par l'unisson, apparaît avec l'éclat le plus majestueux, dans de grands accords complets aux deux mains, et en contre-temps, ce qui en double la pompe et l'énergie; il en faut faire ressortir la grandeur singulière, et marquer le rhythme avec la plus extrême vigueur. Grande pédale à chaque retour de ces passages.

A la 28e mesure, commence un charmant dessin entrecoupé, sorte de soupirs légers, qui se doivent exprimer délicatement, sans jamais piquer sèchement les notes suivies de silences; il importe au contraire de les laisser aller mollement. Nous croyons l'avoir dit déjà : la manière de quitter une note suivie d'un silence, est d'un intérêt considérable, il ne faut pas lui donner un coup, parce qu'elle est suivie de ce silence, il la faut seulement abandonner mollement. Quand nous disons mollement, il est entendu que nous ne voulons pas parler de la *mollesse*, nous voulons dire *onctueusement*. Le trait descendant qui commence à la 47ᵉ mesure, devra être étudié longtemps lentement, il y faut observer le plus grand *legato,* la plus grande égalité, toujours PP. et ne pas s'aviser de le vouloir marquer par trois (le pouce sur *sol naturel*, *fa bémol* et *ut bémol.*)

Le passage en *la bémol* mineur qui commence alors, est énergique et passionné, il importe de marquer à la main droite : la 1ʳᵉ note du 1ᵉʳ groupe de doubles croches ; — dans le 2ᵉ groupe, de marquer la 1ʳᵉ, la 3ᵉ et la 5ᵉ ; — dans le 3ᵉ groupe la 1ʳᵉ seulement ; — dans le 4ᵉ groupe la 1ʳᵉ, la 3ᵉ et la 5ᵉ et de même dans chaque mesure, afin de mettre en relief cette mélodie, si passionnée et si dramatique. — Le reste des doubles croches n'est rien qu'un accompagnement, et se doit fondre avec la basse. — Lorsque le dessin de cette basse monte par 2 fois, il y faut la plus grande vigueur. A la 11ᵉ mesure après les 4 bécarres à la clef, surviennent des dessins de 5 en 5 notes, tantôt d'une main, tantôt de l'autre, qui demandent de l'étude, surtout pour la basse, car ils doivent se faire en toute vitesse, en toute légèreté, en toute égalité *liée,* en évitant surtout de marquer jamais la 1ʳᵉ des cinq : c'est une eau qui doit couler claire et limpide ; marquer quelqu'une de ces notes, y jeter des aspérités, en troublerait l'harmonieuse ordonnance.

Dans ce morceau, les mêmes dessins se reproduisent beaucoup, et les remarques sont à chaque fois semblables ; observons seulement les grandes arpéges, 34 mesures après le retour à la clef des 4 bémols. Pour être sûr de la mesure de ce trait, il faut le compter soigneusement par doubles croches, dire 1, 2, 3, 4, pour les 4 premières doubles croches, et 5, 6, sur la croche qui suit. Ceci est pour le 1ᵉʳ groupe fait par la main gauche ; pour la droite c'est facile, puisqu'il n'y a que 6 doubles croches égales ; à la 3ᵉ mesure il faut compter : 1, 2, sur les 2 premières notes de la basse, la 3ᵉ tombe avec la main droite, et les 4 autres doubles croches du haut se font également ; — le 3ᵉ et le 4ᵉ temps de cette même mesure sont faciles ; on compte un, deux, trois, à la basse, quatre, cinq, six, à la main droite, cela va tout seul. Aux mesures suivantes : un, deux, à la basse, trois et quatre sur les 2 premières doubles croches de la main droite, et cinq, six sur la croche où l'on s'arrête. Nous entendons souvent faire ce passage en fausse mesure, voilà pourquoi nous nous y sommes arrêté. Lorsque ce même passage se reproduit avec le point d'orgue de la fin, il est plus facile, étant fait de notes égales. Tous ces traits, du reste, se doivent dire comme une improvisation, sans que la mesure, qui doit s'y trouver toujours, se fasse jamais sentir un instant. La *coda più allegro,* se doit jouer le plus vite possible. — Le contre-temps qui se trouve à la 13ᵉ mesure et qui revient encore après, est d'une extrême difficulté d'exécution, en raison de ce que la 1ʳᵉ de chaque trois, tombe tantôt à la main droite, tantôt à la main gauche; il faut l'étudier lentement, en comptant régulièrement 4 fois 3, et le faire ensuite avec vitesse et passion, sans paraître songer à la mesure. — La péroraison de cet admirable morceau, où reparaît obstinément le sujet principal, se doit finir en diminuant le plus possible, sans qu'on entende aucunement la gêne du croisement des mains.

Andante con moto.

Ceci est une page exquise, qui semble détachée d'une symphonie.

Le thème a quelque chose d'une marche funèbre, — il se doit jouer en enfonçant profondément les doigts sur le piano, de façon qu'on n'entende pas la séparation des sons, — jamais le frappement de la note; mais qu'elle enfonce onctueusement, sans la plus petite secousse; ce manque de secousse, bien difficile toujours, l'est plus encore dans les notes brèves, précédées de points. Ces notes doivent conserver strictement leur valeur, sans être *heurtées*, en conservant également le moelleux du son. — Dans ce thème, les petites nuances indiquées doivent être peu marquées, excepté le *crescendo* et le *forte* de la fin de la 2ᵉ reprise.

La 1ʳᵉ variation, n'est rien que le thème joué en notes *portées*, et non *piquées*, durant que la basse fait un adorable contre-temps, excessivement *legato*. — L'effet est dans ce contraste.

La 2ᵉ variation, est tout à fait beethovénienne, c'est-à-dire qu'il est impossible d'être plus le thème, et le thème n'y est pas : — il est caché, enclavé dans la batterie de la main droite; il faut l'en faire sortir, mais négligemment, et pas trop fort; car si le maître l'a laissé dans l'ombre, c'est à dessein. Ce n'est qu'un *souvenir* du thème, et un repos pour l'esprit.

Dans la 3ᵉ variation, les batteries sont tantôt à la basse, le thème au-dessus, tantôt au-dessus, et le thème à la basse; — il importe, en conservant à ce thème (qu'il faut bien faire entendre) son caractère primitif, de ne pas jouer les triples croches gaiement parce qu'*elles sont vives*, défaut dans lequel, en général, on tomberait assez volontiers. Elles ne sont là rien qu'un murmure, qui ne se doit pas distinguer. Ce n'est que le fond du tableau. — Après un trait, descendant du *fortissimo*, au *piano* le plus fin, le thème revient, dans sa simplicité première, orné seulement d'un charmant petit dessin de basse, qu'il faut dire aussi délicatement, et *legato* que possible. — Le *si bb* qui se trouve à la 6ᵉ mesure de cette rentrée du thème devra pourtant se marquer (mais sobrement) comme aussi dans le thème la 1ʳᵉ fois : — Ce *si bb* n'est pas dans le ton, et toutefois qu'une note survient, qui est étrangère à la tonalité, il la faut indiquer soit en *forte*, soit en *piano*, suivant ce qu'elle vous inspire, mais elle ne doit pas passer inaperçue. — Il faut trancher les nuances des deux accords finals :

le 1er, *pianissimo* avec la petite pédale ; — le 2e, *fortissimo* avec la grande comme soutien.

Allegro ma non troppo.

Ce morceau commence par 4 mesures d'accords semblables, dans lesquels il faut conserver la grande pédale, afin de donner plus de *corps* au son, qui doit vibrer ici, dans toute son intensité. Le dessin de doubles croches qui commence alors, prend de suite, le caractère fougueux que le morceau conservera ensuite jusqu'à la fin, dans le *piano* aussi bien que dans le *forte.* — Après un trait d'une énergie singulière, où s'observeront attentivement les nuances, la main droite s'emparera d'une formule, qui lui sera familière ensuite, et qui exprime le trouble et l'agitation, tandis que la basse, marque le rhythme avec vivacité ; à la 28e mesure, la main gauche croisant la droite, dramatise de suite l'exposition de ce morceau, tant il y a de passion dans ces accents, fermement attaqués, puis expirants sur la 2e note.

Ce rhythme, toujours le même, reproduit ensuite sous des formes, diverses sans doute, et chaque fois plus puissantes, est la base de ce grand drame, l'un des plus magnifiques que le piano possède. Assurément d'autres idées, d'autres épisodes viennent se grouper à l'entour, avec cette abondance qui appartient au maître, mais l'exécutant ne doit pas oublier, alors que cette grande formule revient, qu'elle doit tout dominer, parce qu'elle est le sujet même de l'œuvre.

Rien n'est plus touchant que les plaintes de la basse à la 75e mesure, elles se prolongent, s'accroissent, diminuent, pour augmenter encore (dans un *legato* extrême); mais la formule revient, et les emporte au milieu des déchaînements de la tempête. Tout à coup celle-ci calme ses fureurs, on n'entend plus rien, qu'un grondement lointain à la jonction des 2 parties, moitié d'un côté, moitié de l'autre, d'abord de la main gauche, ensuite de la main droite. — Dans les 18e et 19e mesures il y a des larmes à l'aigu (*si, la♮, si*), elles sont vite essuyées par une bourrasque qui passe, — puis à la 25e mesure, voilà un petit motif ravissant, si frais, si naïf, qu'il délasse l'esprit, absorbé qu'il était d'une situation trop tendue, trop extrême. Durant ces 16 mesures, il faut marquer avec vivacité la noire, formant syncope au milieu de chaque mesure, tandis que la basse ne fait qu'un bruissement confus. Mais l'obstinée formule, ne laisse ni trêve ni repos, elle reprend sa course, à travers gammes et arpéges; un *diminuendo* qui finit par un insaisissable *PP*, apporte le calme un instant (on n'y fera point de *ritenuto*), mais les orages reviennent, *dolcissimo* d'abord, et sourdement entendus, ce qui est difficile à bien rendre au piano ; il faut faire apprécier la jolie phrase à la 9e mesure de cette rentrée *PP*. — Il y a une grande puissance d'effet dans les *si*♮ de la 11e et 12e mesure ensuite, ce passage existe déjà à la 18e et 19e mesure après les deux barres. Ce n'est qu'un accent, mais il est considérable par sa belle expression. A la 55e mesure, après la rentrée *pianissimo*, la main gauche monte par un élan et murmure là, dans l'aigu, avec un mouvement de passion indicible, déjà entendu dans la 1re partie, et qu'il se faut approprier les deux fois. Il faut que ce passage remue les cœurs; pour cela, il faut le dire avec feu et entraînement; alors à l'instant des reprises, nous arrivons au paroxysme de toutes les tempêtes; il se marque par un *accelerando*. — Le *presto* se doit dire dans une espèce d'ivresse; ivresse d'enthousiasme, ivresse de mouvement. Deux fausses ivresses, car jamais il ne fut si nécessaire d'être complétement maître de soi. D'abord, on ne produit d'effet moral sur le public, qu'en raisonnant tout le temps avec calme ses effets; il est permis, il est même ordonné d'être enthousiaste, mais c'est durant l'étude, quand on travaille les effets qu'on produira, là, il faut absolument avoir la tête montée, mais elle doit être toute à la réflexion, au moment où l'on exprime ces mêmes effets. Donc : tête exaltée durant la conception de l'œuvre, tête si froide, et si calme que possible, lors de l'exécution de cette même œuvre. On n'a pas trop de toute sa raison.

Après la chaleur de cœur et d'intelligence, la première qualité de l'artiste est d'être maître de lui-même ; on ne finirait pas une œuvre quelconque, sans cette faculté obligatoire, et ici, par exemple, si l'on s'emporte lors de cette même petite reprise où nous en sommes, si l'on s'emporte, enflammé qu'on sera par la flamme qu'il faut traduire, on n'arrivera jamais jusqu'au bout, l'œuvre vous écrasera, et vous devez la dominer.

Ici à cette place on jouera *FF* les deux 1res mesures, *PP* et *staccato* les 5 autres, cela par deux fois, dans un mouvement à donner le vertige, avec le rhythme le plus marqué, et le tout finira dans la plus vive exaltation *apparente*.

Et je vous le dis en vérité, ce n'est pas, dans ce cas, déjà un mince mérite d'arriver jusqu'à la fin sans défaillance.

SONATE EN FA DIÈSE MAJEUR, OP. 78,

DÉDIÉE A MADAME LA COMTESSE THÉRÈSE DE BRUNSWICK,

PUBLIÉE EN 1810.

SONATE EN FA DIÈSE, OP. 78.

La défaveur de cette belle sonate qu'on ne joue jamais, se doit sans doute attribuer à sa tonalité qui est difficile, mais qui en même temps est une de ses beautés. Ensuite, il en est de Beethoven comme de tous les auteurs en général, surtout en France : on use jusqu'à satiété quelques œuvres qu'on joue exclusivement, on en néglige d'autres tout aussi belles, moins connues, et l'on ne saurait dire le pourquoi de cette bizarrerie, si ce n'est que l'imitation est une belle chose à laquelle le monde s'attache particulièrement. — Les 6 dièses de cette sonate sont capables, peut-être, d'effaroucher, alors qu'on la déchiffre, et qu'on est peu musicien. — Mais si l'on brave les deux ou trois premières lectures, la récompense vient d'elle-même, et l'on jouit d'une œuvre magnifique, faite pour les délicats.

Adagio cantabile.

Les 4 premières mesures de cette sonate sont une phrase de *cor anglais*. — C'est une sorte de récitatif d'une mélancolie suprême, qui semble annoncer quelque chose de surnaturel. — Le commencement de la première période de l'*allegro* est d'une agitation toute dramatique et va *crescendo*, puis les doubles croches de la 3ᵉ mesure avec leur légèreté aérienne, viennent tout à coup arrêter court la mélodie, qui revient bientôt, dans un abandon charmant, tout en notes qui seront portées. = Mais les *doubles croches* reparaissent vite à leur tour, et l'interrompent de nouveau, formant à l'aigu un charmant gazouillement, dont se doit extraire une mélodie étrange, formée de chaque première, et de chaque quatrième *double croche* de chaque groupe de *doubles croches*. — Cette formule, dont la délicatesse est extrême, a quelque chose de féerique en soi, c'est de la musique faite pour *Ariel*. — La phrase suivante en *do dièse*, avant la reprise, est tout ce qui se peut de plus élégant et de plus charmant, mais les sylphes reviennent encore à la jointure des deux reprises. — Le commencement de la 2ᵉ, est on ne peut pas plus poétique, toutes les notes isolées de la main gauche parlent un langage bizarre, où il n'entre pas de passion humaine; = à la 4ᵉ mesure après les deux barres, à la 5ᵉ, 7ᵉ, 8ᵉ, 9ᵉ et tout ce qui suit jusqu'au *fortissimo*, — nous sommes dans le beau domaine de l'idéal. Pour bien exprimer cette partie de milieu surtout, il faut se l'approprier de sentiment. — Voilà de ces cas où les notes, aussi exactement que possible *piano* et *forte*, ne donneront cependant pas la moindre idée de l'œuvre. — Du reste, pourquoi faire servir tout à chacun ? Chaque chef-d'œuvre ne convient pas à chacun, et chacun ne convient pas à chaque chef-d'œuvre : pour celui-ci, il faudra un esprit disposé déjà à l'idéalisme. — Il s'adresse plus que tout autre à l'imagination pure, et lorsqu'on donne des noms à tant de sonates, nous voudrions nommer celle-ci la fantastique. = La deuxième partie de cet *allegro* reproduit les éléments de la première = à la 28ᵉ mesure, après les deux barres ; c'est un effet d'une fantaisie charmante que cette mesure *forte*, toujours suivie d'une mesure *piano*; plus loin, le même jeu se reproduit, et chaque fois il faut bien l'indiquer. — Dix mesures avant la fin, les sylphes sont à la main gauche, ce qui ne laisse pas que de la gêner un peu ; surtout il ne faut pas que cette difficulté paraisse, l'animation doit, au contraire, aller en progression, se terminant d'abord comme un souffle, puis comme une tempête.

Allegro vivace.

Voilà encore, au début de ce morceau, l'alliance d'une mesure *forte*, et d'une mesure *piano*, et comme le mouvement est très-vif, cela donne au rhythme un caractère tout particulier; il importe de le scander extrêmement, et si *piano* que l'on joue, de lui conserver un sentiment leste et décidé. — Nous nous établissons plus que jamais dans le monde fantastique avec cette profusion de doubles croches, éternellement liées par deux, qui se font, en enlevant toutes les secondes bien légèrement, et arrivant, à l'aide de la petite pédale, au *pianissimo* le plus complet. — A la 57ᵉ mesure survient un trait qui se doit faire hardiment, avec la plus grande sonorité, aidé que l'on sera de la grande pédale. — Ce passage est d'un effet saisissant, précédé d'un *pianissimo* et du murmure des doubles croches; il éclate comme une tempête, mais le *piano* reparaît, toujours sans transition, et nous recommençons ces brusques oppositions de *forte* et de *piano*. — 33 mesures avant la fin, le thème revient tout à coup sans préparation, et très-fort. — Nous retournons au *pianissimo,* encore deux mesures d'alternatives, qui se doivent partout indiquer vivement, puis commence un long *crescendo* d'une singulière puissance, qui s'éteint sur deux *points d'orgue pianissimo*. — Les *arpéges* largement faites comme par la harpe, et *fortissimo*, conduisent à un *point d'orgue*, et l'œuvre s'achève dans six mesures, jouées avec le plus de verve, de fougue qu'il est possible.

Tel est cet éblouissant caprice, qui appartient à l'art romantique, le mot pris dans sa bonne acception. — Ceci n'est pas précisément une œuvre d'étude, il faut être déjà fantaisiste pour se la bien approprier, et elle ne souffrirait pas de médiocrité.

SONATE EN SOL, OP. 79,

PUBLIÉE EN 1810.

D'après le style de cette Sonate, il est probable que le numéro que tous les Catalogues lui donnent n'est pas exact. De telles erreurs arrivent dans toutes les collections, parce que souvent plusieurs œuvres se gravent à la fois, et quepa rmi elles, il s'en trouve d'anciennes que l'auteur avait négligées, et qui sont ainsi déplacées. Chez Beethoven la trace ascendante, lumineuse, est si tranchée, que le public intelligent refait lui-même le catalogue.

SONATE EN SOL, OP. 79.

Presto alla tedesca.

Ce morceau est un véritable *scherzo*, il faut lui en bien donner le *tempo* en le comptant de la même manière qu'on fait le *scherzo*, c'est-à-dire frappant de deux en deux mesures seulement. — Ainsi, on frappera sur le *ré blanche* qui commence après les deux barres, et le temps levé commencera avec le *la* de la mesure suivante, et toujours ainsi. — Le ton général de ce morceau est l'enjouement; il est plein de jeunesse et d'amabilité ; = le commencement, jusqu'à la 24ᵉ mesure, s'enlève légèrement, alors surviennent des *blanches* à la main droite, qui devront être bien senties, et bien liées, en marquant chaque commencement de mesure, ce qui donne de l'animation, et du rhythme. — Durant ce temps, la basse glisse de petites gammes fines, en *crescendo*, et le même jeu se reproduit ensuite, en changeant de main. — Il faut redoubler de légèreté dans la fin de la reprise, et 4 mesures avant la fin, bien indiquer l'opposition du *forte*, qui dure 2 mesures, et fera place à un extrême *piano* de deux mesures aussi. — La 2ᵉ partie s'attaque vigoureusement, et ce jeu continue lors du croisement des mains, et durant 7 mesures ; alors à la 8ᵉ, sur l'accord de *mi mineur*, il se doit faire un extrême *piano*, qui, bien ménagé, est d'un charmant effet. — Là, il n'y a pas de nuances marquées. Ce *piano* doit durer 9 mesures après l'accord de *mi mineur*. — A la 10ᵉ, lorsque la basse plaque, en bas, l'accord d'*ut*, le *forte* revient, puis 4 mesures *piano*. — Toute cette partie du milieu est délicieusement jolie et se doit dire, comme tout ce morceau du reste, avec beaucoup de grâce. — La *coda*, après les deux barres de la 2ᵉ partie, se doit nuancer vivement : 2 mesures *piano*, 2 autres *forte*, puis le tout *forte*. — 10 mesures avant la fin, la mesure se caractérise tout à fait en mouvement de valse, c'est-à-dire en *coda de valse*, ce qui fait qu'on le doit accélérer encore *à l'autrichienne*. — Il y faut mettre la légèreté la plus fine et la plus délicate. — C'est un bijou que ce petit morceau, dont les broderies sont tissées en fil de dentelle, la verve et la bonne humeur y sont intarissables, et c'est la seule fois que Beethoven ait été tout à fait Viennois, ceci est de la musique viennoise dans sa plus charmante expression, et comme la pouvait idéaliser le poëte des poëtes.

Andante.

Le commencement de cet *andante* a la forme et les allures du *lied*, et n'emprunte rien aux sombres passions; c'est un morceau de *mezzo* caractère, où les sentiments sont tempérés et doux. — Il faut songer constamment à les bien rendre, en modifiant le son du piano, de façon à ce que chaque note ait de l'agrément, jamais rien de sec, ni de brusque, toujours de la grâce et point de bruit, l'accompagnement s'effaçant complétement pour faire place unique à la mélodie, bien facile à ressortir cette fois, puisqu'elle est sans interruption à la main droite seulement; il ne s'agit que de chanter comme ferait un chanteur, avec cette main droite, en observant strictement les nuances, et d'annuler les basses, ce qui s'obtient surtout en les jouant *legato*. — Dans la 1re reprise, il importe de bien marquer les signes de *rinforzando* et de *diminuendo* en terminant chaque membre de phrase. Les accords entre les deux parties se joueront *piano*. — La 2e reprise, en *mi bémol*, se jouera au commencement *mezzo forte*, en y mettant quelque chose de tendre, et d'affectueux. En totalité, ce morceau est peu difficile, même de sentiment; il tirera son amabilité de l'amabilité même de l'exécutant, c'est un de ces cas si fréquents, où l'artiste exécutant reproduit, dans son jeu, son caractère propre; de là, la grandeur de l'art, de là, son éternelle variété. Cette œuvre, par ses dimensions minimes et les idées qui y règnent appartient, si l'on ose ainsi dire, à la musique de genre, et ressemble peu au Beethoven à venir; c'est là ce qu'on appelle une des petites sonates, et pourtant, cette œuvre est un vrai bijou, surtout dans les deux premières parties, bien préférables à la dernière.

Vivace.

Il n'y a pas grand'chose à dire sur ce petit morceau final. — Il est constamment très-*legato*, et les notes marquées *piquées* se doivent faire très-légèrement. — Il y faut beaucoup de finesse, et le mouvement doit aller aussi vite que possible, sans quoi il devient terne, et décoloré. — La 2e partie après les deux barres, doit beaucoup se rhythmer, non-seulement dans les quatre premières mesures *forte*, mais de même lors des 4 mesures *piano*. — A la 8e mesure après les secondes deux barres, il faut mettre beaucoup d'élégance dans la manière dont on ménage la rentrée, qui doit se faire dans un imperceptible *pianissimo*, avec la petite pédale. — Après les troisièmes deux barres, se trouve un passage énergique en *ut majeur*, qui se fait à l'unisson, durant les 16 mesures; il faut y mettre beaucoup de vigueur et de verve, ce final étant, sans cela, trop longtemps dans la demi-teinte. — 4 mesures avant les dernières deux barres qui ont un *dièse* à la clef, il faut bien ménager la charmante rentrée du motif, qui se doit faire sans la moindre secousse ni temps d'arrêt, surprenant ainsi l'oreille, qui le retrouve tout à coup à travers 5 mesures d'indécision. = Il est d'un effet plein de grâce. — A la 10ᵉ mesure, après le retour au ton de *sol*, il faut mettre de l'animation et de la légèreté dans la façon de prendre ces *croches* en *triolets*, qui forment le chant entrecoupé, ce qui se reproduit encore 8 mesures avant la fin, puis tout à coup les deux derniers accords se jettent *pianissimo*.

Il faut enlever ce petit morceau, avec beaucoup de verve et de mouvement, sans quoi il paraîtrait froid après les deux autres.

LES ADIEUX, L'ABSENCE, ET LE RETOUR,

SONATE DRAMATIQUE EN MI BÉMOL, OP. 81,

DÉDIÉE

A L'ARCHIDUC RODOLPHE D'AUTRICHE,
Cardinal-Archevêque d'Olmütz,

PUBLIÉE EN 1811.

Arrangée pour grand orchestre.

LES ADIEUX, L'ABSENCE, ET LE RETOUR,

SONATE DRAMATIQUE, OP. 81.

Cette belle sonate est la seule dont Beethoven ait complétement arrêté le programme. — Il nous initie déjà par le titre, au plan qu'il s'est proposé dans les 3 parties de cette œuvre, et ce nous est une occasion d'admirer ce grand homme, qui, le *libretto* donné, ne pousse pas un cri qui ne soit justement celui de la passion qu'il veut peindre; il est déchiré par les adieux, il est passionnément heureux du retour. Ici son bonheur déborde, avec une joie bien rare chez Beethoven, et qui nous fait souvenir que nous ne sommes, malgré tout, qu'à l'opéra 81. Plus tard, il ne savait plus être aussi heureux.

LES ADIEUX.

Adagio.

L'*adagio* qui forme introduction, n'a rien d'abord de déchirant, l'harmonie en est naturelle; il y règne simplement un ton de mélancolie douce; la douleur arrive seulement avec le *ré bémol* de la 7ᵉ mesure, et s'établit tout à fait à la 8ᵉ, alors que la dominante *si bémol* fait cadence rompue sur le *do bémol*. — Toute cette introduction doit se jouer *piano*, en demi-teinte, avec les signes d'augmentation très-peu marqués (excepté à la 5ᵉ mesure avant la fin, où le *forte* doit être complet durant 4 accords, *ré, mi, mi, fa*). — Les doigts ne se doivent point lever comme des marteaux (ce qui n'est bon, du reste, en aucun cas). Ils doivent enfoncer la note en la prenant de très-près, et non de haut, ce qui produirait un son sec, et glisser mollement de note en note, de façon à ne jamais frapper, mais à conduire sans intervalle les sons de l'un à l'autre, ce qui est la grande difficulté de l'instrument; alors le grand mérite du pianiste. — Les notes, même suivies de silences, qui se trouvent dans les dernières mesures, doivent *cesser d'être*, si l'on peut dire ainsi, mais ne peuvent être quittées brusquement, en enlevant les doigts, comme d'une personne qui se brûlerait. — Il doit régner dans cette petite préface de 3 lignes une grande tristesse, qui n'exclut pas une grande suavité. — Rien de heurté ni de brusque; — à ce point de vue même, il me paraît préférable, de mettre une liaison entre les deux *do* de la 3ᵉ mesure, afin de ne pas jouer le second, qui précède le *gruppetto*, — il en sera de même plus loin aux deux *mi*, dont le 2ᵉ suivi du même *gruppetto*, ne se répétera pas non plus. — Il nous semble que tout est dit à cette heure sur cette introduction. — Ceci posé que la partie qui fait la mélodie doit être toujours, où qu'elle soit, entendue bien plus, et différemment des autres parties. — Mais cela est applicable à tout. — Dans le plus simple accord quelque chose doit toujours dominer. — Il ne faut pas faire un tout compacte d'un passage, en apparence, dénué de mélodie; il y a toujours partout, une partie qui doit saillir, même dans deux notes, chacune d'une main; l'une des deux aura tout l'intérêt, et l'autre sera sa très-humble servante. — Nous vous le disons en vérité, s'il n'en est pas ainsi, on entre dans la confusion, le galimatias, et le piano devient un insupportable bavard.

Ecoutez un orchestre, écoutez une symphonie. — N'entendez-vous pas mille soli, qui causent à leur tour, et se répondent? Là, c'est la clarinette, plus loin, le cor, et puis voilà le basson qui intervient. — Durant qu'ils parlent, les autres baissent la voix. — Que diriez-vous d'un orchestre où tout serait *pêle-mêle?* — Il ne représenterait que le chaos. — Eh bien! un morceau de piano bien fait, est une symphonie pour piano, et c'est ce qui rend cet instrument incomparable, malgré ses imperfections.

Allegro.

Ici le morceau commence à se dramatiser.

Il faut attaquer cet *allegro* avec fureur et agitation (il importe de bien faire entendre les deux notes semblables de la 1re et de la 2e mesure, *ré, sol, sol, — do, fa, fa*). — Le *si bémol* en haut, qui commence la 6e mesure, doit être, chaque fois qu'il revient, lancé avec un mouvement de désespoir. — Le passage en *si bémol* qui commence à la 13e mesure, est le plus difficile du morceau, le plus gauche à exécuter. — Il faut en étudier la main droite séparément. — La 19e et la 20e mesure se doivent dire *forte*, et la 21e et 22e *pianissimo* comme en écho, en donnant tout l'intérêt possible au *sol* bécarre, joué par le petit doigt de la main droite.

Il faut continuer d'augmenter l'intérêt en donnant de l'agitation à tout ce passage, jusqu'à la gamme montante de la main gauche, après laquelle arrive l'explosion de douleur de cette 1re partie, qui s'achève par la charmante mélodie *espressivo* en *si bémol*. — Le petit doigt de la main droite doit chanter avec toute la tendresse possible alors, en laissant l'accompagnement *piano* jusqu'au trait en *si bémol* qui descend; dans ce trait les deux mains se poursuivent, en laissant comme tomber des larmes goutte par goutte. — La 1re partie du 1er morceau s'achève ainsi. La seconde est naturellement une paraphrase de cette première, plus travaillée cette fois. — Mais avant d'arriver à la reprendre, nous avons 44 mesures de plaintes, exprimées par la main droite, qui doit jouer bien *legato*, et comme en récitatif, sans paraître esclave de la mesure, et pourtant en la tenant toujours correctement. — Durant ce temps, la main gauche répète presque constamment un petit dessin, 2 croches suivies d'une noire, qu'il faut faire très-légèrement et qui expriment l'agitation.

Tout ceci finit *pianissimo*, jusqu'aux mesures 43 et 44, qui par un *crescendo* amènent le retour *forte* du sujet de la 1re partie. Même observation que plus haut sur cette plainte de la main droite, à la 19e mesure de la rentrée, le *do bémol* doit être *forte*, et 2 mesures plus loin arrive le *do* bécarre qu'il faut prendre très-*piano*, en ménageant bien son effet.

Nous touchons à l'un des moments les plus pathétiques de cette œuvre, c'est lors du commencement de la *coda*. 75 mesures avant la fin, la main droite fait *do bémol ronde, si ronde, la noire,* et sur ce *la noire*, la main gauche commence une imitation, qui se poursuit jusqu'à la fin dans un duo sublime, duo de pleurs et d'adieux, qui a quelque chose de déchirant, si l'exécutant l'interprète comme il faut.

Les passages de croches joués d'abord par la main gauche, et reproduits ensuite par la main droite, doivent être liés et fort *piano*, afin de ne former jamais, qu'ils soient au grave ou à l'aigu, qu'un fond de clair-obscur, sur lequel brillent continuellement, et jusqu'au bout, ces 3 accords qui commencent à la 59e mesure avant la fin, *mi, sol, rondes,* à la 58e, *si, fa, rondes,* à la 57e, *sol, mi, blanches.*

Persistance qui semble une idée fixe, un de ces malheurs qui ne s'évitent pas, une image de la fatalité ; tout cela se suit, se répète ; les imitations se resserrent et s'achèvent dans des *pianissimo* qui sont des soupirs. Alors deux gros accords *fortissimo*, qui se doivent frapper *vivo*, expliquent par leur brusquerie, qui fait tache sur le reste, que tout est accompli, que la séparation est faite.

Il est bien entendu, à propos du trait de la main droite, en *mi bémol*, qui termine, qu'il ne faut pas le faire inégalement, bien qu'il soit indiqué tantôt en croches, tantôt en triolets et en cinq. — C'est écrit ainsi, pour remplir la mesure, correctement ; mais ce sont des différences qui se doivent aplanir, égaliser, dans la vitesse de l'exécution, et toutes les notes seront parfaitement régulières.

Il est des éditions dans lesquelles on a jugé convenable de supprimer la moitié de cette *coda ;* à l'endroit où l'imitation se resserre dans un accroissement de passion, vraiment déchirant, on l'a coupée net, évidemment pour éviter l'hérésie de l'accord de dominante tombant sur l'accord de tonique, et l'accord de tonique tombant sur l'accord de dominante. Il ne nous paraît pas nécessaire d'exprimer notre opinion sur une action semblable, on est confondu, en songeant que cette mutilation sacrilége, et absurde, a été l'œuvre, en premier, de Ferdinand Ries, l'élève si aimé (un temps) du divin maître.

L'ABSENCE.

Andante.

Ce morceau est lent et d'un mouvement soutenu; il doit être étudié à 4 temps. — Le travailler à 2 serait s'exposer à ne pas le tenir suffisamment, et lui donner quelque chose de sautillé, ce qu'il faut éviter avec soin.

Ici le sacrifice est consommé; — plus d'agitation, puisqu'il n'y a plus d'espérance. — Le maître s'établit dans sa douleur; il vit avec elle. — Cette belle page, est une plainte du commencement jusqu'à la fin. Les sentiments n'y sont pas multiples, il faut de la désolation sur chaque note.

Le *mi bémol* qui commence la 1re mesure se fait de la main droite, et se doit bien soutenir. — Les triples croches ne se doivent pas brusquer; il faut les faire avec mollesse, en leur donnant, plutôt un peu plus que moins, de leur valeur. Toute note suivie de silences, qu'elle soit croche, ou plus tard double croche, ne doit pas pour cela être piquée : il faut l'abandonner très-mollement; comme aussi plus loin, lors des triples croches de basse, qui sont surmontées de points, il faut les *porter* seulement, c'est-à-dire les appuyer davantage que les autres (surtout sans dureté), et lever ensuite la main avec souplesse. — A la 10e mesure, *sol* pointé *si*, *la* suivi de silences, présente une manière de noter, très-familière à Beethoven, surtout vers son dernier temps. — Cela signifie une phrase qui s'éteint, qui meurt; c'est difficile à bien exprimer : il faut y mettre beaucoup de mollesse, d'abandon, et reprendre avec un tout autre son le *la bémol* suivant. — Le trait qui vient après, commençant *fa dièse, la, do, mi*, doit être travaillé lentement, pour atteindre à un *legato* parfait. — Le cantabile *legato* qui suit, doit être joué avec la plus grande tendresse par la main droite, tandis que la basse ne fait qu'un murmure *pianissimo*. — Mêmes observations, quand les passages précédents se reproduisent dans un autre ton, pour s'éteindre dans un *piano* infini, qui est comme l'accablement de la douleur, s'éveillant tout à coup à l'une des joies les plus vives qui aient été jamais écrites en musique.

LE RETOUR.

Vivace con spirito.

La joie, qui déborde dans tout ce morceau, commence au 1er accord, qui doit être frappé très-fort, bien qu'avec beaucoup de légèreté. — Le trait qui suit est indiqué très-animé. On aura soin d'éviter de marquer la première de chaque six ; il se doit lancer *avec effusion*, si l'on peut dire ainsi, jusqu'aux deux barres où commence une mélodie pleine de bonheur et de câlinerie. — Au moment du *crescendo*, les notes qui se jettent en haut, ne doivent pas être prises avec brusquerie, mais au contraire, avec beaucoup de douceur, et de grâce ; à la 27ᵉ mesure après la reprise, le *fortissimo* des notes frappées à l'unisson, arrive au paroxysme de la joie, et les petits groupes, *si b, la, si — ré b, do, ré — sol b, fa, sol* — doivent être d'une délicatesse extrême. — A la 4ᵉ mesure de ce passage, la basse devra bien marquer l'accord placé sur la 6ᵉ croche de la mesure : — *si b, ré b, mi* ♮ qui donne du relief à ce passage ; alors commence une mélodie, qui forme absolument *duo*. — Les deux parties devront être très-distinctes, avec l'accompagnement *pianissimo* à la partie intermédiaire. — Puis arrive le trait en *si bémol*, qui n'est pas commode pour la main droite, et demandera d'être étudié soigneusement. — La réponse qui s'en fait par la main gauche, est encore plus difficile, d'autant que ce passage doit être joué fort légèrement jusqu'à la fin de la reprise, et absolument enlevé. — Il faut bien prendre garde de tomber dans la sensiblerie au commencement de la 2ᵉ partie. — Les notes marquées *piquées* devront être seulement portées avec la plus grande suavité, mais sans tristesse. — Puis le duo revient avec son charmant dialogue qui va se resserrant toujours jusqu'au retour du motif, *poco andante* cette fois. — Arrivé là, le poëte se complaît à être heureux ; il redit lentement son bonheur ; puis arrivent les 6 dernières mesures qui se doivent passer rapidement en jouant simplement des octaves en contre-temps des deux mains pendant 2 mesures et en continuant les suivantes, toujours à contre-temps en octaves à la main droite avec les accords plaqués à la main gauche, comme ils sont écrits. — Puis deux accords, très-vifs, terminent cette œuvre, qui peut se compter au nombre des plus considérables.

Ce grand poëme, c'était l'aurore de la 3ᵉ époque, c'est-à-dire de la manifestation la plus extraordinaire que l'art musical ait eue jamais.

SONATE EN MI MINEUR, OP. 90,

DÉDIÉE

A MONSIEUR LE COMTE MORITZ DE LICHFOWSKI,

PUBLIÉE EN 1815.

Cette Sonate est arrangée pour piano et chant.

SONATE, OP. 90.

Avec sentiment et vivacité.

Ce premier morceau est animé, le rhythme en doit être fort accentué, dès l'abord et durant les alternatives de *forte* et de *piano* du commencement. — A la 8ᵉ mesure, la jolie phrase, qui descend au point d'orgue, se dira avec abandon et grâce, — après le point d'orgue, le rhythme doit se rétablir à l'instant et *se scander* dans toute sa vigueur. — On croit, bien souvent, qu'aller en mesure est tout, ce n'est pas encore assez : avec la mesure, il y a encore la décision de chaque temps et de chaque note. — La brièveté qui se doit donner strictement aux notes brèves, — quelque chose d'arrêté, de fini et d'énergique, qui donne à l'œuvre l'animation et la vie. — Après le 2ᵉ point d'orgue, à la 24ᵉ mesure, les unissons des deux mains, seront aussi *piano* que possible, avec la petite pédale, — l'accord de septième dominante, qui se frappe énergiquement à la 4ᵉ mesure de ces unissons, prépare une gamme *fortissimo* ainsi que les accords qui la suivent, effet qui se reproduit par deux fois. — En opposition la troisième gamme sera très-douce, avec petite pédale, et ensuite petit *crescendo*, pour revenir, à la 27ᵉ mesure après le point d'orgue, à un extrême *pianissimo*, qui conduit *crescendo* à un grand *forte*, se fond tout à coup dans un *piano* très-légèrement *ritardando* qui prépare la mélodie, = celle-ci puise son attrait dans les continuels contre-temps qui lui donnent beaucoup de poésie, et qu'il faut bien ménager, en appuyant chaque *blanche* doucement sans laisser aucun intervalle entre elles, ceci est fort important, il ne faut pas le moindre silence d'une note à l'autre. = Chacune de ces notes de mélodie, tombant sur un temps faible, est d'un effet vague et charmant, la basse est fort difficile pour les mains qui ne sont pas gigantesques, à la 7ᵉ mesure de cette mélodie elle se décide davantage, étant préparée par une *croche* sur la deuxième partie du premier temps. = Petit à petit, il faut reprendre le rhythme, de façon à ce qu'il soit bien indiqué à la 11ᵉ mesure, et que la phrase finisse résolûment à la 13ᵉ, où les basses reprennent leur énergie ; — après 16 mesures de nuances délicates à bien observer, se termine une première partie, bien que l'auteur n'ait pas cru devoir l'indiquer par deux barres, = la deuxième commence *piano*, avec une sorte d'indécision qui dure 16 mesures, = il faut là une religieuse observance des nuances, et des accents, avec un rhythme bien serré. — A la 17ᵉ mesure, la main droite a de petits accords *piano* et entrecoupés, qui se font en *portant* les notes doucement ; ce passage dure 8 mesures, et après un *crescendo*, il finit en *diminuendo*, avec la petite pédale, — 6 mesures ensuite commence un dessin en *doubles croches* qui se doivent jouer légèrement, il y faut observer un bon doigter, sans quoi le passage se ferait mal. — Durant ce temps, c'est la basse qui joue le thème, il faut donc bien la faire sentir et dominer, 28 mesures avant le premier point d'orgue, survient un dialogue entre les deux mains, et j'emploie, à dessein, ce mot de dialogue afin de faire remarquer qu'elles ont autant d'intérêt chacune, et se doivent faire de la même façon, en marquant (fort légèrement pourtant) la première note de chaque main qui recommence, de façon à ce que l'oreille la comprenne bien. — Après un extrême *diminuendo* qui amène un complet *pianissimo*, avec petite pédale, on revient par un *forte* au thème, qui est ainsi délicieusement ramené. — Le reste de ce premier morceau est la reproduction du commencement, à l'aide des mêmes moyens.

Comme aspect général de cette œuvre, dont nous n'avons indiqué jusqu'ici que la partie technique, observons qu'il y doit régner une continuelle indécision.

Le contraste fort tranché, des nuances, et du rhythme, est là pour peindre les incertitudes de l'âme. — Il y a lutte, il y a combat, il y a inquiétude d'un grand parti qui se doit prendre, l'âme est bouleversée de passion et de crainte.

Ce 1er morceau est vraiment la préface du second, il ne conclut pas, et vous laisse le cœur troublé.

Pas trop vite et d'une manière chantante.

Cette 2e partie à laquelle le poëte s'est enfin résolu, et que les Allemands appellent : « *Parfum d'amour,* » semble une confidence tendre et charmante, murmurée timidement ; il est craintif, et pourtant plein d'abandon, ce petit morceau divin, et la réunion de toutes ces nuances diverses s'y devra observer constamment.

L'accompagnement en *doubles croches* s'effacera complétement ; la mélodie sera pure et limpide, en demi-teintes, doucement tempérées.

Même à la 32e mesure, lorsqu'arrivent des alternatives de *forte* et de *piano*, de grosses nuances feraient tache en ce moment. Cela ne se fera que *mezzo forte*, et avec le sentiment le plus intime. = 28 mesures après cette 32e se trouve une phrase de 4 mesures, pleines de tendresse. A la 5e mesure, la passion comprimée éclate tout à coup, mais sans fureur aucune, et nous reprenons le discours du commencement ; il revient souvent, très-souvent, dans sa séduisante éloquence. Cette douce phrase, le poëte aime à la redire ; chaque fois qu'elle se répète, il en faut varier les accents. C'est toujours de même, et toujours nouveau. Ce motif n'est pas sans affinité avec les *airs écossais*, qui à cette époque préoccupaient si fort le maître. On y sent leur reflet.

La 1re fois se dira avec mystère comme une confidence, comme un secret. La 2e fois se produit après une explosion de passion, elle en conservera le sentiment. La 3e fois sera tout imprégnée de tendresse ; on tâchera de mettre des larmes dans les sons. A la 4e et dernière fois que revient le motif préféré, il est en imitation formant *duo*. Ces sentiments d'affection caressante ont trouvé

de l'écho dans une autre voix, et jusqu'à la fin, les deux parties marchent alors dans un même sentiment d'expansion, d'une infinie douceur. Il se faut attacher à lui imprimer constamment ce caractère, c'est pourquoi il ne faudra rien marquer violemment. 7 mesures après le retour des 4 *dièses* à la clef, il y a un joli dessin : une mesure et demie de *doubles croches* suivies de deux *croches piquées* qui se devront bien accentuer, avec verve, et vigueur, quoique *piano*.
— A la 52e mesure après ce passage, les *doubles croches* du milieu se feront légèrement *dolce* et presque en *trille*, tandis que la mélodie se jouera tendrement à l'aigu. — Le petit trait à la *tierce*, qui suit le thème présenté ainsi, doit se jouer *pianissimo* avec beaucoup de délicatesse. — Un charmant passage d'imitation se doit bien ménager à la 3e mesure après le *bécarre*, mis à la clef ; ces imitations se feront *pianissimo* et *legatissimo* en faisant pourtant bien saillir le dessin. — Un *crescendo* conduit à la continuation de ces imitations, développées en *doubles croches* cette fois, passage assez difficile à faire, et qui demande beaucoup d'égalité, de finesse et de clarté des deux mains ; il se devra travailler séparément.

26 mesures avant la fin, les imitations se reproduisent, et de même, il faudra observer que, dans ce cas, les deux mains doivent marcher d'une force égale, puisqu'elles ont le même intérêt. Ce même travail se poursuit jusqu'à la fin, car il reparaît dans les 8 dernières mesures. = A chaque fois, il faut bien marquer la 1re note de l'imitation afin de faire comprendre son entrée.

Cette sonate n'est point la sonate de tout le monde, elle s'adresse aux délicats. Son charme intime, et ravissant, n'est pas pour le grand public, devant lequel nous ne conseillerons jamais de la risquer.

C'est là une des plus fines compositions du maître, il n'a pas été plus loin en expression tendre et rêveuse, telle en est la délicatesse, qu'elle n'est possible qu'en petit comité ; il semble même qu'un nombreux auditoire la gâterait.

SONATE EN LA MAJEUR, OP. 101,

DÉDIÉE

A LA BARONNE DOROTHÉE ERTMANN.

(La baronne Ertmann était une des rares élèves de Beethoven, elle est morte depuis peu d'années, c'était un beau talent.)

PUBLIÉE EN 1816

SONATE, OP. 101.

C'est avec cette grandiose, et délicieuse sonate, que Beethoven inaugure ce que l'on appelle sa 3ᵉ époque, c'est-à-dire la manière nouvelle dans laquelle à l'avenir devait se manifester son génie.

Le *piano*, et le *piano solo*, a eu les prémisses de cette extraordinaire transformation, qui, quelle que soit la conclusion qu'on en tire, confond l'esprit. — Il n'y a pas à procéder par induction, les chiffres ont une autorité qui ne se décline point : La série de ce qu'on nomme *les quatuors du dernier temps*, ne commence qu'à l'œuvre 127, tandis que la sonate des *Adieux*, op. 81, contient déjà en germe tout ce que devait apporter l'avenir. La première aspiration vers ce dernier temps se rencontre même dans la sonate en *fa mineur*, op. 57, et l'éclosion a lieu précisément dans cette sonate 101, qui nous occupe à cette heure, et qui se trouve, sur le catalogue, enclavée entre le dernier des trios (*si bémol* dédié à l'archiduc, 97) et les deux dernières sonates piano et violoncelle 102, à Mᵐᵉ d'Erdödy). Ensuite les quatuors se prolongent jusqu'au n° 135, et, malheureusement, le *piano* ne va pas plus loin que l'*opus 111*, ce qui ne saurait trop se déplorer.

S'ensuit-il de nos regrets, que nous traitions la 3ᵉ incarnation de cet incomparable génie, comme ayant amené une ère nouvelle, un schisme dans l'art, et la négation de tout ce qui l'a précédé?

A cela, nous répondons énergiquement : non, mille fois non !

Fondateur d'une secte nouvelle, réformateur de l'art, qu'ont glorifié avant lui, Bach, Haydn et Mozart ! mais Beethoven lui-même aurait rejeté cet honneur sacrilège, lui qui a imité d'abord ces maîtres divins, qui les a continués, qui les a dépassés, mais après les avoir suivis, et qui les a dépassés parce qu'il les avait suivis; car en toute chose, ce n'est point en reniant le passé qu'on élargit jamais l'avenir, et ce n'est pas sur des hommes d'exception que se bâtit une doctrine. Ce génie presque invraisemblable, si puissant que ses fautes mêmes sont de gigantesques beautés, ne peut pas faire loi, ne peut pas faire école, il ne conduirait ses disciples qu'au bouleversement, à l'erreur.

Beethoven est un météore : on ne suit pas les météores, on en reste ébloui.

Ceci s'adresse aux sectaires; viennent maintenant les détracteurs.

Ce n'est pas d'une médiocre singularité, ce que l'on entend dire journellement à propos de ce dernier temps :

Il est presque reçu, presque accepté aujourd'hui, du moins près de quelques-uns, près de beaucoup peut-être, que l'étrangeté de forme, et d'harmonies, qui distingue cette période de l'œuvre du maître, est due à sa complète surdité, et quand ce sont des individus se piquant de musique, qui expriment de telles idées, elles deviennent difficiles à qualifier.

Qui ne sait donc pas que le compositeur écrit sur sa table, et lit ce qu'il écrit, comme vous lisez en un livre? Et vous croyez que le plus grand des maîtres en symphonie avait besoin de frapper sur un piano pour comprendre ce que lui dictait son génie? Il faut convenir qu'il y a de par le monde des opinions bizarres!! C'est comme si l'on vous racontait, que M. de Lamartine perdra la mélodie de sa parole, le jour où il ne s'entendra plus!

Non, Beethoven, génie indépendant comme il n'en fut jamais, s'élevant toujours de grandeur en grandeur, abondant, audacieux, ne reconnaissait ni entraves, ni limites. Qu'importe une harmonie infaisable, si elle exprimait sa pensée? Son génie qui l'entourait de ses ailes, ne lui disait-il pas qu'il aurait toujours raison? Peu à peu, il s'habituait à l'impossible, il vivait de poison, et de ce breuvage, dangereux à tout autre, il faisait la coupe, où boiront les siècles à venir.

(Ce qui ne veut pas dire, que les organisations débiles, qui viennent y becqueter, ne s'empoisonnent pas un peu parfois.)

Plus tard, vieux avant le temps, brisé par le chagrin, Beethoven devint farouche et son œuvre aussi; donc cette œuvre n'est pas celle d'un sourd, pas celle d'un fou (on l'a dit aussi), pas même celle d'un philosophe du 18ᵉ siècle à la suite, faisant de l'économie politique avec des notes (quelle est la sottise qu'on n'ait pas dite?), elle est l'œuvre du plus grand des poëtes devenu misanthrope.

Poésie, par-dessus poésie!!

Dans cette 3ᵉ époque, il y a des choses étranges, impossibles, inexplicables; des harmonies qui font dresser les cheveux, et nous pardonnons à ceux qui, le premier jour, jettent le livre avec horreur. — Mais qu'ils veuillent bien le reprendre; qu'ils s'y plongent tout à fait, et ils seront surpris bientôt, d'être arrivés insensiblement, à ces régions qui d'abord leur semblaient inaccessibles; c'est que la valeur d'une œuvre d'imagination ne se mesure pas uniquement à la situation présente qu'elle éveille en notre âme, mais surtout au mouvement d'intelligence qu'elle opère en nous-même, et qui succède à l'émotion du moment. — Le plus beau livre n'est pas celui qui nous saisit le plus, c'est celui qui nous fait penser davantage. = C'est qu'en art, il arrive toujours un point où l'on ne peut plus exprimer; il est de rares et vigoureux esprits, qui ont la puissance, de conduire le spectateur, l'auditeur, par delà le point où l'on n'exprime plus, et qui l'abandonnent dans l'espace à sa propre pensée.

Ce peintre grec voilant le visage d'Agamemnon donnait une leçon éternelle de l'art. Ce voile, c'est le génie de chacun substitué au génie de l'auteur, et placé là où l'on ne peut plus exprimer. La 3ᵉ époque de Beethoven commence pour nous là où d'ordinaire on n'exprime plus. — De là, un langage que nul ne parle, de là, le dédain de ce qu'observe chacun; de là, l'impossibilité de juger un tel poëte à la mesure d'aucun musicien ; de là, danger mortel à l'imiter jamais ; de là, séduction à nulle autre semblable pour ceux qui l'ont compris une fois ; de là, enfin, inutilité de l'étudier par obéissance : c'est de la musique qu'on ne peut pas jouer, si on ne l'adore point.

Allegretto ma non troppo.

Tout le 1ᵉʳ morceau de cette sonate est empreint d'un sentiment indéfinissable, tant il a d'idéalité : c'est quelque chose de méditatif, de pensif, de rêveur, d'abandonné. Les regrets de *Mignon*, l'attente de *Marguerite*, les vagues accents d'*Ophélie*, toutes les poésies ont chanté là.....

« *Encore plus poëte que musicien !!* » avons-nous dit quelque part, et ceci regarde l'exécutant aussi bien que l'auteur, alors qu'il est chargé de l'expliquer, — encore plus poëte que musicien ! Donc ici, oubli de ces petites formules qui n'appartiennent que trop à l'instrumentiste ; oubli de l'exécution (oubli apparent). Si voulez un morceau de piano, n'ouvrez pas cette sonate, vous ne l'y trouveriez pas. Ceci est une page détachée d'un poème, d'un poème où tout aime, où tout souffre. = C'est une contemplation intérieure de l'âme qui regarde en elle-même, si j'ose dire ainsi, = une aspiration vers une meilleure patrie, vers celle « OU FLEURIT L'ORANGER ! »

C'est enfin une de ces œuvres qui, produit de l'imagination de l'auteur, doit passer par l'imagination de l'exécutant. Elle sera le reflet de sa personnalité ; car chacun parle poésie à sa façon. — Le maître l'entend ainsi lorsqu'il écrit en haut de cette œuvre :

« *Mit der innigsten Empfindüng*, » avec *le sentiment le plus intime*.

Qu'est-ce que c'est que cela, le sentiment le plus intime ? Vous ne le savez point, n'est-ce pas ? Eh bien, ni moi non plus, — c'est-à-dire je sais bien le mien, mais je ne sais pas le vôtre.

Le sentiment le plus intime, c'est le meilleur de ce que nous avons au fond de notre âme, parfois même à notre insu ; c'est la divine étincelle cachée dans tout cœur humain, et comme il n'y a pas deux âmes entièrement identiques, il n'y a pas deux expressions de l'âme identiques non plus. — Le reflet de l'une ne sera pas le reflet de l'autre. Si vous essayez d'exprimer mon sentiment à moi, vous serez faux toujours, autant que je le serai en tâchant d'exprimer le vôtre. Le sentiment poétique ne s'enseigne pas, il se guide seulement, et se développe alors, à ce point qu'il se crée presque là où il paraissait ne pas exister. — Mais une fois créé, sa manière de se manifester ne doit, et ne peut être qu'individuelle ; c'est donc une belle et enseignante parole que celle du maître, qui se contente de dire :

« Mit der innigsten Empfindüng, »

« Avec le sentiment le plus intime. »

Ce seul mot sert à tous, et touche la corde vibrante chez chacun. Ce mot signifie : Mettez-y votre cœur tout entier.

Qu'ajouterions-nous après cela?

Il faut ici étouffer autant que possible le son du piano, en lui donnant plus que jamais, l'émission voilée, sombrée, que nous ne cessons de demander. — Les nuances seront peu marquées au commencement, et la partie du haut dominera seule, bien qu'elle doive être *piano* comme les autres. — A la 3e mesure, il ne faut pas s'aviser de vouloir marquer les *la noires*, qui se jouent avec le pouce de la main droite. — Ces *la noires* sont ici le seul accompagnement, car à cet endroit, la basse chante à la tierce avec le haut. — Le *ritardando* sera peu sensible, et se fera seulement tout à la fin. — On donnera peu de force après le point d'orgue, beaucoup d'expansion sur la 3e mesure, et les six mesures ensuite seront bien imprégnées de sensibilité ; il faut tâcher de mettre des larmes dans ces notes-là. C'est fort difficile, mais il faut que cela soit ainsi. — Cela s'obtient, en portant, pour ainsi dire, les notes, mais pas tout à fait. — A la 10e mesure, après le point d'orgue, il faut bien marquer l'entrée de la basse : *mi, fa, sol, la.* L'oreille doit discerner que c'est là l'imitation de la 6e mesure auparavant : *fa, sol, la, mi,* entendus alors à la main droite. — Chaque fois que revient un groupe quelconque de 3 croches, il doit être bien senti ; 18 mesures après le point d'orgue le trait sera éclatant et léger, et la phrase s'achèvera avec grâce, dans un sentiment doux, tendre et naïf. — A la 5e mesure, après le trait, on aura soin d'aller strictement en mesure durant les syncopes. — A la mesure qui commence après les syncopes, voici quelque chose qui réclame l'attention : dans la basse, voici le sujet, avec l'accompagnement, et l'oreille ne doit entendre que, *mi, fa, sol, la, ut, si, sol,* et plus loin : *mi, fa, sol, la, ut, si, sol.* Le reste, aux deux mains, n'est rien que syncopes d'accompagnement, bien rhythmées, mais très-*piano*. — A la 7e mesure, la mélopée est à la 1re partie, c'est elle qu'on doit entendre, et le tout sera disposé ainsi : 1/2 mesure *forte,* 1/2 mesure *piano,* puis ensuite les accents sont correctement observés, et le *forte* deviendra brusquement, et sans transition, un *piano* sur l'accord qui fait point d'orgue. — Ce qui vient immédiatement après ce point d'orgue est difficile. La 1re partie, c'est-à-dire les notes du haut, chante avec beaucoup de tendresse, et toutes les autres parties chantent aussi en imitation. A cette même main droite, la 2e partie fait : *sol, la, mi, la, la, si, fa, si.* On voit que la 2e noire de chaque mesure sert aux deux parties à la fois. — La basse imite de son côté ; toute partie est intéressante, et rien ici n'est accompagnement. Cependant il faut, par le plus ou le moins de pression, donner un accent différent à toutes ces parties, qui ont une marche déterminée, et sont souvent 4 et 6 à la fois. — Voilà comment il faut du talent pour jouer de la bonne musique, ou plutôt : voilà comment la bonne musique donne du talent. C'est que rien n'y est remplissage, mais que tout à son obligation d'être bien justement à sa place, sans rien de trop, sans rien de moins. — Le reste de cette première partie, si rêveuse et si tendre, reproduit les mêmes idées, et se jouera dans le même esprit. On élargira seulement les 4 mesures de la fin, qui semblent comme une invocation.

Nous croyons avoir fait comprendre par avance que cette analyse n'est rien qu'un canevas, sur lequel l'exécutant devra tracer, absolument de lui-même, ce que son émotion lui dictera.

Vivace alla marcia.

Naturellement, ce mot de vivace, uni à celui de marche, n'a pas toute sa valeur ordinaire : une marche ne saurait être vivace, dans l'étendue du terme, ce serait une course. Il faut l'entendre en ce cas : *marche animée*.

Ce morceau est l'un des plus beaux qui existent.

Le début a une pompe, une solennité, une grandeur incroyable, il faut bien lui conserver chacun de ces caractères-là, et voilà pourquoi il ne faut pas non plus d'un mouvement trop vif, qui nuirait à la largeur de ce beau motif. Il commence en toute énergie = mais quelle que soit la nuance, il faut avoir grand soin que le rhythme reste invariable à jamais, sans défaillance, ni affaiblissement, dans les phrases tendres. = Le rhythme ici, c'est le morceau même, il doit être toujours strict et serré, = il n'y a pas une mesure, pas un instant sans lui, et le grand effet, la vigueur de l'œuvre, est précisément dans son uniformité.— Les accents par deux, devront s'observer correctement. — Vers la fin de la 1re reprise, il faut de l'élan et de l'enthousiasme. — La 2e commence avec délicatesse, mais pourtant avec énergie dans la mesure, toujours scandée de même. — Les imitations doivent apparaître tour à tour avec clarté et décision, sans qu'on puisse remarquer la gêne du croisement de mains.— A la 4e mesure, la finesse exquise de la double croche, jetée sur la croche (effet qui dure 4 mesures), n'empêche pas ces mêmes doubles croches d'être bien marquées, avec les trilles vifs, légers, mais mordants. — A la 12e mesure, les imitations se compliquent, de ce que le passage est écrit tout le temps à 3 parties, même à 4 par instants.— Le rhythme, joint à cette combinaison d'imitations à 3 et 4 parties, est infiniment difficile à bien tenir, et demande un sérieux travail pour qu'il ne s'y glisse pas d'erreurs. — Après 18 mesures, commence un *diminuendo* qui se termine aussi finement que possible, et pourtant, même alors, le rhythme aura toute sa rigueur et sa brièveté.

A la 25e mesure, le *crescendo* amène une combinaison nouvelle dans les imitations. — 14 mesures avant la fin, les noires de la main droite se marqueront avec énergie. — Le croisement des mains se travaillera à part, pour qu'il ne nuise pas aux notes brèves, qui se doivent scander également des deux mains, — après un *forte* plein de feu, les 4 mesures dernières se joueront avec une grande délicatesse, bien que la dernière soit *forte*.

La partie en *si bémol* est d'une exécution bien simple, venant après ce morceau. — Il y suffit d'un *legato* parfait tout le temps, avec observance des nuances, et durant le trille qui sera bien limpide, mettre beaucoup d'accent dans la basse, — puis un *crescendo* bien ménagé, pour ramener avec éclat le somptueux motif du commencement.

Adagio ma non troppo.

Con affetto.

Cet *adagio*, trop court, est une merveille de sentiment tendre et affectueux. C'est un petit morceau qui a du cœur (si l'on ose dire ainsi) du commencement jusqu'à la fin, et quelle que soit l'étrangeté de cette expression, nous ne trouvons qu'elle pour rendre bien notre pensée. — Au rebours de la marche précédente, il faut ici tâcher d'aplanir toutes les aspérités.

Dans ce cas, et pour bien rendre un sentiment doux et bon, les valeurs différentes des notes se doivent pour ainsi dire confondre, de façon à ce que l'oreille ne s'aperçoive pas qu'on en a changé. — Ceci est une étude à faire, étude des plus importantes, pour tout ce qui touche au sentiment. — Les valeurs, par leur combinaison mathématique, ne vont jamais qu'en se doublant, de sorte qu'elles ne peuvent procéder qu'en faisant tache par leur opposition violente entre elles, et pourtant on ne peut pas les écrire autrement. — C'est donc à l'exécutant intelligent à en corriger la dureté, en polissant leurs contours, et en les fondant entre elles, sans cesser pour cela d'être correct.

Ceci est plus facile à dire qu'à faire, nous en convenons. — C'est encore une de ces choses qu'il faut sentir, sans quoi on n'irait plus en mesure sous prétexte de nous obéir. = Aussi n'est-ce pas une étude à enseigner à des élèves, et ne s'adresse-t-elle qu'à des pianistes déjà faits.

Donc, l'important, durant ces 20 mesures si éloquentes, est de former d'abord un tout compacte et harmonieux, puis, dominant cette masse, que la partie du haut s'en aille tout droit son chemin, comme un chanteur, non-seulement sans paraître s'occuper de la mesure, mais sans paraître même y aller. — Il lui faut l'indépendance la plus absolue. — C'est une sorte de récitatif que cette mélopée, elle serait gâtée entièrement par l'apparence seule de la mesure, et pourtant il faut qu'elle y soit. N'est-ce pas une terrible chose que cette mesure, qu'on passe des années à apprendre, et des années à faire oublier! Et n'en est-ce pas une autre non moins terrible que ce souvenir de solfége, évoqué souvent si maladroitement sur chaque temps, bien proprement compté *un, deux, trois, quatre!* Aller en mesure comme le métronome lui-même, et le cacher avec soin, voilà une étude qui ne laisse pas d'être considérable. = La question du rhythme résolue, il faudra encore avoir ici un *legato* complet, et la plus grande suavité de son, quelque chose de vaporeux, d'éthéré. A la 8ᵉ mesure, la dernière double croche ne sera pas détachée, mais abandonnée mollement. — La basse participera aux mêmes intentions. — On pourra commencer déjà le *crescendo* 7 mesures avant la fin, mais très-peu, et seulement comme gradation de sentiment, afin d'agiter légèrement l'imitation que fait la basse.

Le trait de la fin n'aura rien de la vélocité d'un point d'orgue ; chaque note en sera bien exprimée, et son ensemble aura une teinte rêveuse, et contemplative. Il le faut unir avec mélancolie au retour du *tempo primo*, qui en est la suite logique même ; c'est la rêverie de tout à l'heure, qui ramène le souvenir d'à-présent, c'est-à-dire 8 mesures du 1ᵉʳ morceau, entrecoupées de points d'orgue et présentées là sans suite, d'une manière toute fugitive, et seulement comme une évocation d'un passé qui n'est plus. — Il y faut un sentiment très-vague, très-indécis et très-intime toujours. Mais voici bien autre chose :

A la 6ᵉ mesure, le mouvement se précipite et l'intensité s'accroît. Les 3 *trilles* seront très-longs chacun, puis nous voici dans une mesure brève à 2 temps, et en plein triomphe du rhythme ; autant il fallait cacher la mesure tout à l'heure, autant il la faut marquer à présent.

Le rhythme de ce final ne sera jamais assez accusé, assez violent. — La croche qui commence sera portée, même durement, avec ostentation, si l'on ose employer cette expression baroque ; et c'est avec non moins d'ostentation de rhythme, que se posera la noire ensuite ; toujours les deux notes auront une force bien égale, avec autant d'accent à chacune, et ce dessin répété tout le temps, sera tout le temps présenté de la même manière, avec la même affectation, la même exagération. — C'est cette exagération qui donne à l'œuvre sa couleur si vive, et si bizarre. — Il y a quelque chose de lesté, et de décidé dans ces réponses violentes d'une main à l'autre. — Au moment des deux barres, la main droite fait *mi, do*, et détache avec vigueur la 1ʳᵉ de ces deux notes. La basse répond de suite par *si, la*, attaqués de même. Puis la main droite refait *mi, do*, la gauche reprend avec *sol, fa*, — puis 3 mesures d'un fin *legato*, et le rhythme de recommencer. — Mais à la 5ᵉ mesure, des syncopes fort délicates conduisent en 4 mesures, à une phrase de 6 mesures exquises, dont il faudra soigner l'effet, en observant que la basse en marque l'imitation à la 2ᵉ et la 3ᵉ mesure, imitation qui est à la 2ᵉ partie. — Dès la 1ʳᵉ mesure, les *la, sol*, du milieu ne sont rien autre chose que des imitations de quantité, avec la 4ᵉ croche de la mesure. Voyez les 1ʳᵉ, 2ᵉ, 3ᵉ, 4ᵉ, 5ᵉ, 6ᵉ, 7ᵉ mesures.

Cette petite phrase touchante est emportée comme un souffle par le rhythme, qui revient avec énergie. — Après un petit trait des deux mains, qui est un charmant contre-point, voici une phrase de 14 mesures de la plus grande beauté. — Là les noires du haut doivent seules saillir. Elles sont une plainte éloquente et passionnée. Il y faut beaucoup de poésie, car c'est une mélodie très-vague, à peine indiquée. — Il ne faut pas y appuyer plus que le maître ne l'a voulu. — Son charme consiste à n'être qu'entrevuc.

26 mesures avant la fin, voilà 4 mesures d'un petit rhythme si fin, si cavalier, si charmant, qu'il met en relief d'autant plus les autres rhythmes, qui le précèdent et qui le suivent. — Les deux premières mesures sont *pianissimo*, et les deux autres *forte*.

La phrase d'après est absolument dialoguée, et les deux parties sont faites par la main droite. Il y faut de la grâce, et la plus grande animation, la plus grande verve, surtout lors des syncopes, accompagnées qu'elles sont d'un petit trait vif et régulier, qui leur donne beaucoup de mordant. Ce jeu se répète, en changeant de main la seconde fois.

La reprise s'achève par de petits accords, qui doivent être fins, secs, légers, et strictement rhythmés. — Au n° 2, la main droite a une sorte de récitatif, et la basse, des notes alternativement liées, et portées. — Il y faut beaucoup de sentiment, et des unissons bien secs pour la fin. — La 2ᵉ partie débute par le thème traité en fugue, à 3 voix. D'abord entendu *pianissimo* à une voix. —. Puis à deux, encore *pianissimo*, puis à 3 parties, et toujours *pianissimo*. — Toute cette *fughetta* est charmante, et se doit dire comme cette sorte de musique, en marquant vivement le sujet, n'importe où qu'il soit, et même si peu qu'il soit entrevu, car ceci n'est pas une fugue régulière, et parfois il n'apparaît qu'en souvenirs épars ; c'est ici imitation plutôt que fugue, et c'est l'imitation qu'il faut rendre claire, limpide et légère, de façon à lui prêter même du charme et de l'agrément.

Toute cette intéressante partie ramène au thème.

8 mesures après les 3 *dièses* et les points d'orgue, voici un épisode nouveau : une mélodie ravissante, c'est le thème retourné, avec imitation de la même main, et ce passage doit briller là comme une perle.

8 mesures plus loin, voilà des sixtes à étudier.

37 mesures avant la fin, et toujours encadrée dans le même rhythme avec une unité, une richesse de ressources qui commandent vraiment l'admiration, voici cette phrase de grâce divine, que nous avons eue déjà. Elle finit cette fois cavalièrement. — 23 mesures avant la fin, il faut observer dans le trait en doubles croches, que les croches *mi*, *la*, qui reviennent sans cesse, soient entendues comme des clochettes d'argent.

Après un extrême *diminuendo* l'œuvre s'achève *fortissimo*.

GRANDE SONATE EN SI BÉMOL, OP. 106,

DÉDIÉE

A L'ARCHIDUC RODOLPHE D'AUTRICHE,
Cardinal archevêque d'Olmütz,

PUBLIÉE EN 1819.

Cette Sonate est arrangée à quatre mains.
et l'Adagio pour chant et piano.

GRANDE SONATE, OP. 106.

Nous voici arrivé à l'œuvre la plus formidable, assurément, qui ait jamais été écrite pour le piano, c'est de la musique de Titans; et le Titan de la musique instrumentale, seul, la pouvait tenter.

Ce n'est que les plus ardents sectateurs de Beethoven qui admettent à Paris cette sonate colossale; il y a quelque vérité à dire que c'est une œuvre presque disproportionnée; mais ce défaut (il faut avouer que cela va jusqu'à être un défaut), ce défaut appartient au final seulement, qui s'étend aux limites infinies de la longueur (20 pages, la valeur d'une œuvre entière), et sur le ton du romantisme le plus exalté. — C'est bien appelé du nom de fugue, qui est à peu près le nom le plus opposé au nom de romantisme, mais c'est loin d'avoir été traité dans la stricte rigueur qu'exige un pareil titre. Beethoven n'a jamais écrit une fugue, dans la sévère acception du mot; son sujet, toujours, est d'une grandeur immense, mais tout de suite après, voilà le lion démusclé. D'où il résulte que pour notre particulier, nous l'aimons bien plus, quand il ne se donne pas de ces entraves, qu'il faut laisser à l'incomparable maître ès fugues, Sébastien Bach, ou à Mozart lui-même. Dans une œuvre rigoureuse, il faut de la rigueur, il faut des bornes, et une fugue n'est pas un caprice. Celle-là est certainement gigantesque, démesurée, mais ce mot : démesuré, est en ce sens toute une critique, elle ne devrait pas être démesurée; dans les œuvres de l'imagination humaine, quelles qu'elles soient, il faut toujours trouver justement la forme et la proportion. Donc, ce n'est pas une beauté, que ces grandeurs entassées les unes par-dessus les autres; elles forment certaine confusion d'abord, et ces étrangetés, que le génie justifie, jusqu'à certain point, causent pourtant, par leur continuel passage de l'une à l'autre, une extrême fatigue à l'esprit, justement parce que leur valeur l'oblige de s'y attacher sans distraction. Par une regrettable erreur, on englobe l'œuvre entière dans l'impossibilité où l'on tient ce final, et pourtant les 3 autres morceaux de cette sonate sont d'une souveraine beauté, et présentent le complet épanouissement du génie beethovénien arrivé au point culminant de sa 3e époque. Ceci vaut la peine d'entendre un final long et fatigant. Car nous ne sommes pas de ceux qui scindent les chefs-d'œuvre, nous les aimons sans coupure, entendus tout d'une pièce (la Vénus de Milo n'est pas plus belle pour n'avoir point de bras). Dans la sorte de réprobation dont *jouit* cette sonate, il y a aussi de sa difficulté d'exécution qui dépasse tout ce qui est connu. C'est pourtant une raison de plus pour l'aborder, comme on le fait en Allemagne et à Londres même, sans coupure aucune, et devant le public mêlé des grands concerts.

Allegro.

Les 4 premières mesures ont une puissance surprenante, et tout d'abord ce *si* d'en bas, cette petite croche isolée qu'il faut lier à l'accord suivant, tout comme si elle en était voisine, est déjà d'une valeur considérable. Il faut rhythmer tout ce début, pesamment pour ainsi dire; il ne s'agit pas, parce que les notes sont piquées, de lui donner un accent pointé, sec et mesquin. L'extrême hardiesse du rhythme, son allure, fière et hautaine, commande d'élargir les croches, ce début est immense, tout y doit être immense de même. — Ces croches sont les membres d'un colosse, si elles étaient grêles, il y aurait disproportion, le géant deviendrait un monstre; donc il faut, en rhythmant avec la plus grande vigueur, donner strictement la même force sur chaque note, et adoucir leurs aspérités formées par les notes pointées, aspérités qui nuiraient à la grandeur. Ceci est tout bonnement d'une difficulté immense d'exécution. Nous ne prétendons pas l'expliquer, par la raison que cela ne s'explique pas. Nous prétendons, nous essayons du moins, de faire comprendre d'où dépend la suprême grandeur de ce passage, ce n'est que lorsqu'il l'entendra bien, que l'exécutant, de lui-même, en viendra à l'exécuter comme nous le demandons. S'il veut suivre aujourd'hui strictement nos paroles, par docilité, il n'arrivera qu'à la caricature. Il faut avoir soin à la 1re et 3e mesure de bien faire discerner à l'oreille le *mi*, qui commence le 4e temps. Enfin le mouvement ne sera pas trop vif, ce qui nuit toujours à la majesté d'une œuvre. — Après le point d'orgue, commence un *legato* de 4 mesures, d'un charme ravissant, il y faut mettre une expression craintive, tremblante, — plus de résolution à la reprise de ce jeu après le 2e point d'orgue, finissant en un *crescendo* pompeux. Ce sentiment doit persister, durant toute la mesure suivante (9e après le 2e point d'orgue), mais tout à coup, la suivante, *staccato* des deux mains, sera *piano*, toute mystérieuse, et ce dessin s'en ira *perdendosi* jusqu'à la rentrée fougueuse du commencement. — Sitôt après le point d'orgue, à la 4e mesure de cette rentrée, introduction de 6 mesures à un changement de rhythme, alors seulement ébauché, long passage de *legato*, puis à la 25e mesure après le point d'orgue, établissement d'une formule charmante, d'un rhythme leste, délibéré, et fort scandé, qui dure 12 mesures, finissant avec des syncopes, qui se doivent bien observer avec toutes les tenues; — A la 6e mesure après l'endroit où est écrit *a tempo*, se trouvent des traits *legato*, dans la 2e mesure de chacun, il importe de marquer énergiquement les noires qui portent des signes d'accent, elles sont des souvenirs du motif qui vient de finir, et sont là pour le rappeler.

26 mesures avant les deux barres de la reprise, arrive une phrase d'une suavité vraiment divine, il faut bien observer que les notes du haut soient seules

entendues, les autres, qui composent le reste de l'accord, ne sont que l'accompagnement, bien que jouées ensemble de la même main ; et, par exemple, à la 3ᵉ mesure de ce cantabile, on n'entendra absolument que le *sol* ronde d'en haut; le reste disparaîtra dans la masse compacte de l'ensemble accompagnant.

La reprise se termine chaleureusement, avec une sorte de fureur.

La 2ᵉ partie commence par 14 mesures de points d'orgue réitérés, c'est-à-dire d'indécision continuelle. Alors, sur le rhythme splendide du début, commence un admirable dessin d'imitations, qui se poursuit durant 40 mesures avec une inépuisable verve ; il est hors de question que, durant ce temps, l'occupation constante de l'exécutant sera de faire saillir le sujet de ce beau dessin, dans chaque partie, suivant qu'elles entrent à leur tour; d'abord il n'y en a qu'une seule, puis deux, puis trois, puis 4 enfin, et là il y a difficulté réelle, à cause des tenues, qui se doivent strictement conserver, sans nuire à l'effet du jeu des parties, qui doit paraître léger et facile. — Il ne faut jamais mettre l'auditeur dans la confidence de pareils embarras.

Des accords gigantesques ramènent le noble cantabile qui a fini la 1ʳᵉ partie. Il s'efface tout à coup devant la solennité du grand début de cette œuvre immense, ramené, cette fois, avec une splendeur inouïe. = 4 mesures ainsi, suivies toujours de 4 mesures tendres et rêveuses ; puis le retour des épisodes de la 1ʳᵉ partie, = après un point d'orgue, nouvelle apparition presque surnaturelle du sujet, = alors *pianissimo* excessif, et plus loin, rappel de ce rhythme charmant et délibéré que nous admirions vers la fin de la 1ʳᵉ partie, = encore une fois le cantabile divin, = 28 mesures avant le point d'orgue de la fin, une chaleur extraordinaire, beaucoup d'animation, de feu, pour amener le trille qui finit bien *pianissimo*, = toute la phrase qui succède au point d'orgue, sera d'une douceur exquise dans les *pianissimo*, et d'une fougue extrême dans les *fortissimo*, = le constraste des nuances, vigoureusement accusé avec le rhythme uniformément énergique dans les *piano* comme dans les *forte*. = Ce jeu se prolonge jusqu'à la fin de ce morceau extraordinaire, qui finit par deux accords furieux, succédant à un *dolcissimo* presque insaisissable dans sa ténuité.

Scherzo.

Assai vivace.

Ce *scherzo* unique a pour nous l'attrait et la tournure d'une ballade. Il nous semble une histoire de ces temps où les chevaliers pourfendaient les géants. — Le rhythme, cette double croche qui se brise à la fin du dernier temps d'une façon si neuve, ce rhythme leste, cavalier, a une telle grandeur qu'il est presque fanfaron, et cet accord de Triton sur le *la b* à la 5ᵉ mesure, placé là avec tant d'imprévu, et ce *crescendo*, qui vient se planter sur la dominante d'abord avec tant d'audace et de commendement, et qui tombe ensuite sur la *tonique* avec tant d'autorité et de vigueur : tout ce début est d'une incroyable hardiesse. Mais voici à la 14ᵉ mesure un *si* bécarre qui va tout changer, bien que le rhythme reste le même, et se doive continuer de marquer, l'accent est différent. Durant cette longue période qui va jusqu'aux 5 *bémols*, il faut conserver une expression indécise, qui est la poésie de cette espèce d'intermezzo. Ces sons entrecoupés disent l'incertitude, à la 19ᵉ et la 35ᵉ mesure de cette formule il y a bien un *legato*, mais il n'annonce pas plus de stabilité à cause de sa chute sur le *si*, qui est essentiellement vague, indéterminé. Toute cette période exprimera l'hésitation, même la mélancolie, et le rhythme, bien que persistant, devra, en raison de ces deux sentiments, n'être plus si strictement résolu. Dans les deux dernières mesures seulement, la tonalité redevenant franche, le rhythme reprend sa hardiesse pompeuse.

Les 5 *bémols* sont une chanson monotone et charmante toujours sur la même *harmonie*, elle est coupée par strophes, alternant, l'une de la main droite, l'autre de la main gauche; celle de droite, sans conclure jamais, se repose de la façon la plus inconcevable sur une tonalité toujours flottante, qui prête à ce chant quelque chose de merveilleux, faisant suivre ou précéder la tonique, c'est-à-dire le repos parfait, d'une dominante portant sixte et quarte ou de la tonique portant sixte, préparant ainsi d'une manière singulière une modulation à la tierce inférieure. La basse elle-même ne conclut que la dernière fois, puis après avoir conclu, elle reprend la tonique, et lui impose encore la sixte et quarte, de la façon la plus surprenante. Tout ceci ne ressemble à rien d'usité, c'est ingénu comme une légende, il semble de ces histoires en musique, qui ne sont faites par personne, sont le produit d'une époque, et non le génie d'un individu. — Arrive le *presto*, avec de petits unissons étincelants de verre et de finesse. Adorable petit caprice constellé d'accords vers la fin, et emperlé de fines gammes, puis un léger *trémolo* d'orchestre, tout mystérieux, et la ballade du commencement revient, avec son tour dégagé, chevaleresque, et la fermeté de son rhythme.

Ceci est un fabliau achevé, exquis, il chante le moyen âge, du commencement jusqu'à la fin. Pourtant il est des gens qui nous diront que cela est obscur, de compréhension embrouillée, de style nébuleux, de longueur infinie ; ceux qui disent de telles choses sont tout bonnement ceux qui ne connaissent point ce petit morceau complet, où tout est clair, précis, sans une mesure de trop. Ils savent que cela se nomme l'œuvre 106, et ce chiffre-là suffit à leur indignation.

Adagio sostenuto.

Appassionato e con molto sentimento.

Le soin qu'a pris l'auteur, de mettre en titre de ce morceau des détails de nuances, pourrait nous dispenser d'en faire ici l'étude. Les sentiments qu'il demande, doivent être ceux de l'œuvre tout entière, et il faut qu'il y ait attaché bien de la valeur, pour en avoir écrit si long ; ce grand homme ne prodiguait pas dans ses œuvres, les définitions hyperboliques, dont nous jouissons à cette heure. Il n'aurait jamais imaginé, par exemple, d'intituler un trait *zephiroso*. Il se contentait d'appeler un andante, andante, tout bonnement, ça n'en allait pas plus mal, et cela se trouvait être un chef-d'œuvre malgré cela.

L'*adagio* dont nous nous permettons de parler, est un morceau, dont la grandeur écrase l'esprit; et suivant la manière osée de Beethoven, avec cette tranquillité du suprême génie, qui ne connait pas les impossibilités, il fait sa profession de foi tout de suite, et commence carrément, en *la* majeur, pour venir et rester en *fa* ♯ mineur à la 2ᵉ mesure, déjà c'est débuter franchement, et l'on sait de suite, qu'on va entendre une œuvre, qui pourrait bien ne ressembler à rien.

Ce début étrange conduit à l'œuvre la plus élevée, et la plus noble. Voici d'abord une période de 26 mesures sans arrêt, coupures ni défaillances, 26 mesures de pensées serrées, enchaînées, pathétiques ; c'est de l'éloquence, de l'abondance, de la passion, du génie, c'est tout à la fois, et cette seule période suffit à confondre l'imagination. Voilà notre manière de l'admirer; quant à la manière de le jouer, c'est une autre question. Voici notre pensée nette au sujet de cette sonate ; si l'exécutant n'est pas préparé à ce style, hors des proportions connues, il lui sera à peu près, même tout à fait impossible de l'interpréter comme il faut, c'est une œuvre à laquelle on ne saurait atteindre que par degré. Nous la conseillons, comme la dernière à travailler, de toute l'œuvre de Beethoven. Il faut y arriver, initié que l'on aura été déjà à sa manière suprême, par ses autres sonates du même temps, que celle-ci dépasse encore d'une immense distance.

Si l'on fait l'erreur de prendre cette 1ʳᵉ période de l'*adagio* pour un cantabile, tout est perdu. Ici l'on nous permettra une définition : Dans sa 1ʳᵉ, dans sa 2ᵉ époque, Beethoven a écrit des *andante*, des *adagio*, qui sont, et seront à jamais, les miracles du genre, on n'ira pas au delà. C'est la poésie, la passion même, l'auditeur sera bien mal conformé s'il n'en ressent pas l'émotion : non-seulement ces *andante*, ces *adagio* vont fouiller dans votre âme pour l'émouvoir, mais ce sont encore des mélopées divines. Eh bien ! voici le grand point de séparation avec la 3ᵉ époque. La mélopée de la 3ᵉ époque est plus poétique que musicale, peut être même est-ce mieux nous définir, de dire ainsi :

Il y a mélodie dans les 2 premières époques. — Dans la 3ᵉ il y a poésie idéale, exprimée par des sons, avec plus de souci de la poésie que de la musique, et dédain de ce qui se devrait observer. — Les deux 1ʳᵉˢ époques raviront les organisations d'élite, les transporteront peut-être plus que la 3ᵉ, mais cette 3ᵉ les fera rêver davantage.

Pour expliquer encore autrement notre pensée : Les fanatiques de musique pure, préféreront toujours les 2 premières époques, et les amants de l'idéal trouveront un indéfinissable bonheur à l'audition de la 3ᵉ.

Avec Beethoven on peut être *éclectique*, et c'est une jouissance à nulle autre semblable, de le savoir adorer, et servir, sous toutes ses formes.

Il est important dans cette 1ʳᵉ période de l'*adagio*, de ne jamais placer dans ce discours un point final où que ce soit, pas même de virgule. — Une des principales beautés de cet éloquent discours, c'est son abondance même. — Il faut unir, unir sans cesse, ne faire qu'un tout compacte, quant à la ponctuation — du reste, ici plus que partout, la partie récitante doit planer sur l'ensemble, sans paraître s'en soucier le moindrement. — Elle dit la plus grande douleur, cette partie récitante, c'est ce qui la rend si abondante, et c'est ce qui défend de la ponctuer, l'immensité de la douleur s'exprime par l'irrégularité immense de la forme. — A la 5ᵉ mesure, le sol en haut doit s'enchaîner au *ré*, du 2ᵉ temps, de façon qu'on sente bien que cela ne fait pas 2 phrases. — Il y a quelque chose de déchirant dans ce saut descendant de *quarte augmentée*, mais il la faut prendre avec la plus grande douceur, la plus grande délicatesse, sans quoi elle aurait aussi pour l'oreille quelque chose de déchirant. — Bien prise elle est sublime, au fond c'est une énormité qu'en composition un élève de 1ʳᵉ année ne se permettrait pas, et des dissonances de cette taille-là se doivent attaquer avec les plus grandes précautions, pour qu'elles deviennent à l'oreille des beautés. — Voilà pourquoi il faut être harmoniste avant de se lancer à interpréter ces œuvres-là. — La basse aura tout le temps, cette émission sombrée, compacte, sur laquelle nous revenons sans cesse, pour faire sentir la valeur que nous y mettons, et l'ensemble ne saurait être jamais assez *legato*. — Il n'y aura pas de petits accents. Ce serait amoindrir l'accent général. — Les nuances seront amples, et longues comme les périodes. — Le grand accident de cette période-ci, c'est à la 13ᵉ mesure, l'accord de septième diminuée placé sur la dernière croche; après la *quinte* diminuée de la note précédente, c'est l'effet le plus touchant qui se puisse. — La 14 et 15ᵉ mesure sont au-dessus de l'analyse, il semble que les cieux s'entr'ouvrent. — Cette adorable exclamation : *si, la, sol, fa, mi, fa, sol*, est pleine d'amour et d'abandon. — Il n'est personne qui ne soit ému d'un tel cri, — à la 26ᵉ mesure la période ne se termine même pas, elle s'interrompt. — Alors elle se transforme en une sorte de récitatif de 14 mesures, dont l'intérêt est tout-puissant, d'abord par l'irrésistible grâce de la partie supérieure, rendue plus expressive encore par les syncopes du milieu; — durant ce temps, les basses seront moelleusement portées. Toute cette phrase se dira avec la plus extrême tendresse, et beaucoup de charme ; — aux 2 *dièses*, les sentiments seront plus tumultueux, puis voilà un grand apaisement. La basse dans le plus grave de l'instrument prend tout à coup l'air du commandement, et arrête tout par une phrase de beauté souveraine. (L'auteur se la rappellera dans le thème de l'œuvre 111.) — A la 6ᵉ et 8ᵉ mesure de ce passage, la main droite joue à 3 temps, et la main gauche à 2, ce qui est un effet curieux. — A la 12ᵉ mesure après les 2 *dièses*, commence un *crescendo* dans lequel la partie du haut doit se faire distinguer, et qui monte toujours, toujours, pour s'éteindre complétement à la 16ᵉ mesure sur le *fa* ♮, —. septième diminuée pleine d'expression. A la 17ᵉ voilà une phrase de toute admiration, il y faut mettre son cœur et son enthousiasme. Il n'est pas possible qu'on reste froid en étudiant de tels chefs-d'œuvre. A la 3ᵉ mesure de cette phrase *diminuendo* complet finissant au *si bémol* (accord parfait *mineur* de *sol*). La mesure suivante de même couleur. Alors survient (*si majeur*) un rhythme bien franc, qui sera très-scandé ainsi que toutes les imitations, il y faut imprimer de la grandeur ; mais aux 3 *bémols* à la clef, le trait en doubles croches, amène une mesure entière de douleur infinie exprimée comme en un sanglot, puis la grande phrase qui domine le tout revient aux 3 *dièses*. Voilà un rhythme brisé des plus pittoresques qu'il faut étudier, un dessin de la plus grande magnificence durant 16 mesures. — Ici, chose à remarquer, chaque note chante, chaque note a sa force, chaque note a l'expression, que ce soit la main droite, ou que ce soit la main gauche. — Alors voici un attrait de plus par l'entrecoupement de la basse, qui vient y joindre une nouvelle agitation par de la passion, s'accroît de note en note et son complet épanouissement est à la 24ᵉ mesure, après les 3 *dièses* posés à la clef sur cette sublime exclamation déjà entendue, dont la puissance d'expression est cette fois surprenante. — Après cette explosion, cette tempête de l'âme, elle a besoin de repos, tout finit *morendo*, et voici une cadence rompue à l'endroit où est écrit (*a tempo*). Ici la basse commence avec calme, puis des syncopes annoncent que la tranquillité ne sera pas de longue durée. Alors sur ces mêmes syncopes, et planant au-dessus d'elles avec un son limpide, voilà 8 mesures du cantabile le plus délicieux qui ait jamais existé ; jamais séduction dans une mélodie ne fut plus grande ; il y a charme, il y a élégance ; il y a coquetterie, il y a tout, et musiciens stricts, romantiques, toutes les communions trouvent là les plus vives et les plus délicates des émotions. Il faut dans l'exécution mettre la grâce la plus grande. Le rhythme des 2 mesures suivantes s'observera bien avec toutes les *tenues*.

Il faut recommencer à passionner la mesure qui précède les 5 *dièses* et prendre soin des *tierces* de la basse qui auront le même sentiment, et ne sont pas là des accompagnements. Après 5 mesures c'est le retour de la grande figure de la basse, si solennelle et si saisissante, la main droite la répète ensuite et par deux fois ainsi ; — puis c'est aussi le retour du beau *crescendo* qui amène un épanouissement divin : cette fois tout finit encore par deux *diminuendo*. — 10 mesures avant les 5 bécarres à la clef, voilà un adorable effet d'*enharmonie*.

Lors des 3 *dièses* placés à la clef dans l'avant-dernière page, tout à coup le motif colossal qui plane sur l'œuvre entière, apparaît en unisson cette fois, et son effet alors est plus saisissant que jamais ; il se fond ensuite dans cette phrase de grâce divine, que le maître a toujours présentée à travers tant d'irrésolutions de tonalité dans le ton de *sol majeur* invariablement, chose digne d'être étudiée, car cette tonalité sereine et presque angélique, revenant toujours la même, c'est le mot du drame, c'est l'espérance restée au cœur du poëte. Mettez-le dans des tons divers, ce cri suprême de l'âme est déchirant. L'immuabilité du *sol majeur* lui apporte le calme, 1° parce que cette tonalité est toujours la même ; 2° parce qu'elle exprime les mouvements les plus tendres et les plus expansifs. Aussi faut-il la dire chaque fois avec un sentiment tout à fait abandonné. — 4 mesures ensuite, commence une sorte de *coda* dont la grâce est unique et qui se renoue encore au motif principal.

Toute cette fin est une sorte de résumé de ce poëme admirable, qui malgré les contrastes les plus violents, les rhythmes les plus brisés, réunit toutes ces beautés éparses, pour en former une gerbe lumineuse, dont l'éclat bouleverse le cœur et confond l'esprit.

Largo et Fugue à 3 voix.

Avec cette page nous voici en plein romantisme, et l'étrangeté du rhythme n'a jamais été plus loin.

Il faut compter ici avec soin chaque double croche, encore cela restera-t-il bien embrouillé à diviser.

Tout ce début sera très-doux, — un petit temps d'arrêt sur le point d'orgue, et puis de la lourdeur dans la manière d'attaquer les basses durant leur éternel et terrible contre-temps. = Après le 2e point d'orgue les triples croches ne sont qu'un accompagnement, et la mélodie si noble de l'aigu se dira avec calme, comme un cantabile, = retour des contre-temps, et tout le trait suivant très-vif, afin lorsque revient encore le premier *tempo*, que l'oreille saisisse bien la brisure continuelle de ce rhythme. — Il importe dans le petit *allegro* de deux lignes, de bien marquer les noires qui forment syncopes. = Après ce trait (qui ne sera pas trop vif) voilà un rhythme très-curieux et très-difficile : — d'abord 2 doubles croches, liées et non répétées. La 3e très-piquée, et pour cet effet, écrite en triple croche suivie d'un demi-quart de soupir, et la basse, quadruple croche, tombant presque en même temps que la 4e double croche de la main droite, et toujours ainsi. — Bien senti, bien réussi, ce rhythme est d'une beauté splendide, sa force est incroyable, — le tout est de le comprendre parfaitement. — Les trilles suivants iront bien *crescendo;* la 1ʳᵉ gamme sera *fortissimo*, — puis le *piano* commence avec la *fugue* (*fa* croche, *la* avec trille).

Comme dans toute *fugue*, il faut marquer extrêmement le sujet, n'importe où qu'il se présente. — A la 12ᵉ mesure de cette fugue, il faut bien faire entendre l'accent placé sur la noire pointée. — Lorsque les trilles reviennent, ils doivent être très-énergiques et très-serrés. — 19 mesures avant les 6 *bémols*, le saut d'octave est imité en valeurs, par deux notes voisines; il faut piquer la première pour lui donner le même accent qu'à une note qui saute d'octave, il importe de faire saillir un peu rudement cette imitation. Sur toute chose on ne doit pas perdre de vue que les doubles croches ici c'est le sujet de la *fugue;* loin d'être jamais accompagnement, elles doivent au contraire dominer sans cesse, bien que les 16 mesures avant les 6 *bémols* il y ait un dessin dans les croches que l'oreille doit également sentir. — Ce double jeu est difficile, — il faut lors des 6 *bémols*, faire entendre les 3 parties dans leurs dessins différents, et ce doit être la préoccupation constante dans cette *fugue à trois voix*, ces trois voix ont tout le temps une marche différente, et l'oreille les doit suivre toutes trois.

C'est l'inverse d'un morceau où la mélodie domine, il y a ici 3 parties d'égal intérêt, que l'oreille doit suivre dans leurs évolutions diverses, quelque gêne que se doive pour cela imposer l'exécutant.

A la 12ᵉ mesure après les *bémols*, on attaquera avec vigueur le 2ᵉ *ut*, après que le 1ᵉʳ aura été quelque peu détaché, — et on le fera de la main droite, répétant en haut le même accent sur *ré* ♮ *mi*. Durant ce temps, la main gauche a les 2 autres voix qui chantent à la *sixte*, et le premier *mi* de la mesure à marquer, — ceci est fort compliqué et difficile. — Les 4 dernières mesures en tierces, se feront en marquant vivement de deux en deux, — de même ensuite pour remonter le trait. — Il faut une grande étude pour cette partie des trilles qui arrivent là, — on observera, chaque fois qu'il se présente un saut de *dixième*, que c'est le sujet de la *fugue*, et l'on accentuera vivement, — quelquefois, ce n'est qu'une *octave* ou d'autres fois un plus petit, ou plus grand intervalle; — mais il n'importe, un saut quelconque indique le sujet, et se placera en relief constamment. — Les trilles aussi sont un des attributs de ce même sujet, ils devront tous ressortir vigoureusement.

Le *cantabile* annoncé lors des premiers 2 *dièses* à la clef, ne dure malheureusement pas, on espérait là une *oasis* nécessaire pour rafraîchir l'esprit, et c'est le sujet qui revient, dans sa fatalité (nous n'osons dire dans sa rigueur, ce morceau, bien qu'appelé du nom de fugue, étant loin d'être rigoureux). Voici l'implacable dixième : à la 9ᵉ mesure du ton de *ré*, *fa* croche, demi-soupir, *la* dièse avec trille. A la mesure suivante, *si*, *ré*, avec trille; puis après, *la*, *do*, avec trille. Aux derniers 2 dièses posés à la clef, l'imitation se régularise entre les 3 voix sans accompagnement. L'exécutant doit les faire bien entendre toutes trois, comme dans un trio.

Avec les derniers 2 *bémols* posés à la clef, le sujet revient dès la 1re mesure : *fa, la* blanche, avec trille, à la 4e mesure, *sol, si*, avec trille; à la 8e, *fa, la* avec trille. Alors les imitations se resserrent, des harmonies étranges s'entre-choquent, les tonalités sont indécises, rien ne s'établit, enfin c'est la conception la plus extraordinaire qu'ait eue jamais le piano.

Les deux dernières lignes, sont des miracles de bizarreries de rhythme, elles sont merveilleuses de verve, d'irrégularité, — rien n'a plus d'imprévu, de vivacité et de feu.

Ceci est une bien imparfaite, bien informe esquisse de ce formidable morceau, — mais il ne sera jamais joué que par des musiciens excellents; nous avons donc affaire à des personnes rompues, plus ou moins, à l'étude de la *fugue* et qui comprendront ce que nous ne faisons qu'indiquer. — L'important est de démêler dans un dédale de notes, où est ce sujet qu'il faut marquer sans cesse, de suivre sans défaillance les 3 parties, et pour cela de faire correctement chaque tenue.

Nous serions heureux, si nos faibles paroles donnaient l'envie d'essayer cette sonate qui effraye généralement, — nous avouons qu'il est peu de personnes qui la puissent aborder; jouée par un pianiste incapable (peu musicien surtout), elle ferait l'effet du chaos. Pourtant vue de près, elle est moins terrible, et son attrait est irrésistible, quand on se plonge dans l'étude de ses beautés; mais, quel que soit le talent, elle exige un travail immense.

Les 3 premiers morceaux suffiraient à dédommager de tous les sacrifices.

Quant au dernier... quel que soit le sentiment individuel qu'il inspire, il commande tout d'abord la surprise et captive l'esprit, comme ces grands débris d'un autre âge, que la terre renferme, et qui nous épouvantent presque à leur apparition, par la disproportion inconnue de leur forme.

SONATE EN MI MAJEUR, OP. 109,

DÉDIÉE

A MADEMOISELLE MAXIMILIANO BRENTANO

PUBLIÉE EN 1823.

SONATE, OP. 109.

Vivace ma non troppo, sempre legato.

Il faut quelque chose, en quelque sorte, de tremblant, dans la manière de commencer ce morceau : rien n'y doit être attaqué. = Comme toujours, les notes seront profondément enfoncées, et avec une suavité plus grande que jamais, mais il n'en doit rien paraître. — Il faut que les sons aient une sorte de *flou*, et que le tout soit comme noyé dans une vapeur, dans un *brouillard de sons*. Nous employons à dessein ces mots plus que baroques, presque grotesques, parce que leur ridicule même les rend plus frappants à l'esprit, et que nous tenons à être clair avant tout.

Les notes d'en haut, qui forment mélodie, c'est-à-dire les *noires*, devront être bien entendues, mais pourtant elles n'auront pas un son clair pour cela. = Tout sera en émission voilée, sombrée.

Les pianistes, en général, doivent se méfier des sons clairs, ils ne vont jamais au cœur, et ressemblent à la *serinette*.

Il faut, dans tout ce premier passage, la plus extrême légèreté, malgré le *legato*. — A la 10ᵉ mesure, tout à coup, très-brusquement, arrive à la main droite un bel accord, dont il faut bien élargir l'arpége, il sera très-fort et ressemblera à un coup de théâtre. — Les deux premières *doubles croches* de la *basse* seront *forte* aussi, mais à la 3ᵉ on jouera *piano* des deux mains; alors le tout sera *porté* avec la plus grande mollesse (mollesse ici, pour suavité, douceur); la 2ᵉ mesure aura les mêmes accents, puis beaucoup de fougue dans le grand trait, suivi d'un instant de douceur, et d'un autre *crescendo*, et puis *pianissimo* les deux dernières notes de la mesure, et la mesure suivante de même encore. = Ces deux traits devront être très-emportés, et les sons seront bien compactes avec la grande *pédale*. — Pour ramener le retour de la mesure à ¾, il y a un trait indiqué *espressivo*, dans lequel il faut beaucoup de liaison et de charme; au *tempo primo*, les parties sont changées, et la main gauche d'à présent est la main droite de tout à l'heure, ce qui sera subordonné aux mêmes accents. — A la 7ᵉ mesure, la main droite reprend la mélodie qui devient très-tendre dans cet endroit, elle s'établit alors, et dure 24 mesures. Toutes les *noires* d'en haut auront plus de décision qu'au commencement, mais avec beaucoup de sentiment, et durant ce temps, l'accompagnement fait par les 2 mains qui dialoguent, sera très-léger, très-*legato* et très-égal, formé qu'il est de 4 *doubles croches* qui doivent demeurer bien régulières tout le temps, on compte ainsi : la main droite 1, 2, la main gauche 3, 4.; le tout sans arrêt, et la main gauche un peu enlevée à la fin de chaque groupe; de façon qu'il semble un accompagnement de *feux follets*. L'*adagio* revient idendiquement semblable à la 1re fois; le *vivace* fait de même à son tour, et le morceau finit avec le même dessin, hormis 8 mesures d'accords liés qui se feront avec sentiment, mais surtout sans ralentir le mouvement.

Prestissimo.

Voici venir un morceau qui est tout bonnement une merveille : merveille de grâce, merveille de verve, merveille de génie; il est complet, c'est d'un jet, et d'un jet de flamme; mais il faut beaucoup de flamme chez l'exécutant aussi pour le pouvoir jouer.

Plus on le jouera vite, et mieux ce sera; seulement il faut le jouer *bien* auparavant, et ce n'est pas précisément facile, tout au contraire même.

Le commencement a des allures sauvages, les 8 premières mesures ont quelque chose de terrible et de saisissant. Nous ne savons pas une entrée en matière plus étourdissante que celle-là; on n'y mettra jamais assez de feu, ni assez de force (sans frapper), il faut de la splendeur dans chaque basse, qui doit tomber chaque fois comme une massue; puis, tout à coup, à la 9e mesure, voilà une période de 16 mesures dont le charme est unique, c'est là une vraie merveille de finesse, d'exquisisme, une perle enfin. — Il faut dire cette phrase avec une suavité infinie, un son noyé dans la vapeur (comme nous disions si bizarrement tout à l'heure), ce qui signifie le contraire de sec, et ne peut pas s'expliquer autrement. — Durant ce temps, le rhythme sera vivement accusé; — à la 3e et 4e mesure, les notes longues s'appuieront un peu en haut, mais sans aucune force, et seulement pour leur donner une sorte de vague, de balancement, alors qu'elles tombent en syncopes avec les *noires pointées*, faites par le pouce. — A la 11e et 12e mesure, le même accent se reproduira; il donne une sorte d'élan à toute cette période, surtout à la 15e et 16e mesure; et ce même accent sert à enlever la fin avec une vivacité fine et légère.

Les unissons suivants sont joués, avec mystère, *piano* et dans une mesure lestement marquée; puis 4 mesures expressives ramènent le thème présenté à l'envers (3 notes montantes au lieu de 3 notes descendantes), les mêmes intentions s'y reproduiront; alors arrive un *crescendo* qui se doit faire avec chaleur, et à la 13e mesure voici une phrase pleine de caresses, rien n'est plus touchant, plus tendre que ce passage dans lequel il faut mettre toute la sensibilité de son cœur; les doigts glisseront de notes en notes, c'est le *legato* le plus extrême qui aide à exprimer ces sentiments-là. Le reste : c'est l'étincelle divine qui tombe sur les exécutants inspirés. — Après 8 mesures de cette phrase charmante, voilà des petits *sol, ré, sol, — sol, ré, sol,* qui sont des soupirs légers, puis deux longues gammes, une de chaque main, gammes pleines d'énergie, d'animation, et dont l'effet sera doublé, si l'on peut parvenir à les faire en octaves, ce qui ne change rien à la volonté du maître, et donne beaucoup d'éclat.

Ce morceau se répète ensuite identiquement, hors au moment du point d'orgue, où il se trouve quelques mesures d'accords fort *piano* et fort liés ; l'expression en doit être un peu vague, incertaine, craintive, inquiète ; il y aura enfin quelque chose de semblable à ce que nous avons demandé pour le commencement du premier morceau, puis le *scherzo* reprendra son cours, car c'est un *scherzo* que ce *prestissimo* adorable.

Andante.

Molto cantabile espressivo.

Voici encore un *andante* pour lequel Beethoven demande *un sentiment intime*, *inniger Empfindung :* il l'écrit lui-même ainsi:

Donc ici les sons seront compactes ; la partie du haut dominera seule, mais pourtant elle sera enveloppée de ce brouillard (contraire de la sécheresse), de ce nuage flottant, qui empêche l'auditeur d'entendre le commencement et la fin d'un son, et qui donne à la mélodie quelque chose de vaporeux, de tendre, d'intime enfin. Nous nous servons de mots dont l'étrangeté pourrait paraître prétentieuse, mais nous cherchons ceux qui font image, une expression vivement imagée, trop forte peut-être, est une expression qui par cela même ne s'oublie pas. Nous voulons quelque chose qui frappe l'esprit, parce qu'il nous faut être compris avant tout.

Ce thème *andante*, et sa 1re variation, forment un tout vraiment divin, et nous ne pensons pas qu'il existe quelque chose d'une plus sublime beauté, le mot de variations, que Berthoven a tant affectionné dans cette poétique époque de son œuvre, semble bizarrement choisi dans un tel temps. Mais on comprend en les lisant : ceci n'a rien de commun avec ce qu'on appelle vulgairement du nom d'airs variés. Ces variations, tantôt sont des paraphrases du thème, comme la 1re variation où nous en sommes, tantôt des prétextes à caprices, sortes d'improvisations, qui ne contiennent pas une parcelle du thème, ou qui le transforment, et lui prêtent tout à coup des proportions gigantesques. Celle qui nous occupe en ce moment, semble ne faire qu'un avec le thème, dont elle est une sorte de continuation plus ouvragée. Il est impossible de pousser plus loin l'éloquence inspirée, c'est une abondance dans les idées, un charme, une grâce, au-dessus de toute admiration. Nous pensons que la seule manière d'enseigner ce morceau exquis, est d'en faire voir les suprêmes beautés. Une telle œuvre ne s'apprend pas, elle se comprend seulement. Or, la faire comprendre, c'est la faire jouer. Le reste se fait de soi-même. — Ce thème et cette 1re variation ne renferment pas ce qu'on appelle des difficultés; seulement il faut avoir eu un commerce déjà ancien avec Betthoven pour les traduire comme il faut. — Il faut dans le thème, de la gravité, un grand *legato*; des petites notes, des arpéges faites lentement, harmonieusement, sans hâte, ni grand bruit. Dans la variation; il faut des notes portées avec une mollesse suave, quelque chose d'idéal, de contemplatif, de rêveur; mais comme base de tout, il faut une qualité de son, si étudiée, quelque chose de si moelleux, de si onctueux, de si bien assoupli, que pour l'aborder, il faut être complétement maître de soi-même, et de ses effets.

2ᵉ *variation*.

La 2ᵉ variation (qui s'enchaîne, ainsi que toutes les autres, à ce qui précède et à ce qui suit), la 2ᵉ variation a quelque chose de surnaturel, elle parle le langage des fées et des sylphes, avec les doubles croches qui doivent être si fines, si délicates et si égales, ce qui est extrêmement difficile dans un *tempo* si vif. On n'entendra surtout pas d'intervalle entre les 2 mains; à la 9ᵉ mesure en voilà 4, d'une mélodie pleine de tendresse, ce qui devra ressortir d'autant plus, d'après le style tout opposé de cette exquise variation. Ces 4 mesures reviennent plus loin, et les deux fois les trilles seront achevés bien finement.

Allegro vivace.

3ᵉ *variation*.

Cette 3ᵉ variation doit passer comme un ouragan. Les croches de la main droite seront jetées avec verve, et enlevées vivement, les 3 dernières notes bien accentuées et très-fort. Pendant ce temps, la basse lance un trait à toute volée, il sera *forte*, limpide, brillant, puis les 2 parties changent l'une avec l'autre, toujours pour reproduire les mêmes effets. Après 8 mesures, le même jeu se reproduit très-*piano*, avec la plus extrême délicatesse, ce qui est divin, mais cela doit être coloré par des nuances vivement tranchées. La variation est tout entière dans cette charmante formule. — Jouée dans un mouvement extrêmement animé, et avec verve, avec résolution, avec audace, son effet est saisissant.

4ᵉ *variation* (un peu plus lentement que le thème).

Ceci est tout autre chose : il faut un sentiment tendre et doux dans cette variation, qui est presque un *adagio*; les groupes de 6 doubles croches se feront très-tranquillement, ils seront liés et *piano*, avec un rhythme très-grave de suite, afin de faire comprendre qu'il s'agit à présent d'une chose sérieuse et posée. = Durant cet accompagnement qui sera bien régulier, la main droite a un chant plein de sentiment ; dans la 1re mesure, et dès la 2e mesure ce chant se répète un peu plus haut de la même main, tandis que le premier chant continue toujours, de sorte que cela forme *duo*, joué d'une seule main, et c'est assez difficile, surtout quand il vient encore s'y joindre en plus, quelques doubles croches de l'accompagnement ; il faut avoir soin de ne pas perdre de vue, ni l'une ni l'autre des deux parties de ce *duo*, et ce sera digne d'être étudié quelque temps, pour être fait bien correctement. — La 2e partie de cette variation sera bien scandée à sa 2e et sa 3e mesure par les accents indiqués, qui seront vivement, énergiquement marqués, et arriveront au *fortissimo*, puis les 4 mesures de la fin seront aussi liées que possible, en appuyant bien sur toutes les noires, et en observant soigneusement le *diminuendo*, tout beethovénien des 3 dernières notes.

Allegro ma non troppo.

5e *variation*.

Ceci est charmant, si leste, si fin, si rhythmé. Mais ce rhythme, combien il faut le marquer ! Dans les 4 premières mesures les blanches tomberont comme des masses, et pendant ce temps-là la basse enlèvera vivement les noires, pour marquer profondément les blanches aussi. — Enfin la partie intermédiaire, les noires et les croches de la main droite se feront d'un air dégagé et résolu. Partout il faut faire saillir ce rhythme vigoureux, qui est l'essence même de la chose : l'entrée du *staccato* se fera remarquer par son énergie. Le tout se jouera à la façon de la *fugue*, le sujet marqué avec fermeté, où qu'il soit, la mesure très-décidée, et les *tenues* observées scrupuleusement.

Tempo primo del thema cantabile.

6e *variation*.

Durant 4 mesures, voilà le thème dans sa simplicité : mesure à $\frac{3}{4}$ — combinaison binaire. — A la 5e mesure, le voilà en $\frac{9}{8}$ — combinaison ternaire, écrit en noires pointées, accompagnement de 3 croches par temps, 1 mesure plus loin, 6 doubles croches par temps. A la 4e mesure, retour au $\frac{3}{4}$, mais avec un accompagnement de 8 triples croches par temps, aux deux mains, se terminant dans un *trille* fait aux deux mains aussi, durant lequel le thème quelque peu varié, doit dominer à l'aigu. La difficulté est ceci : ces valeurs diverses se doivent fondre entre elles, de façon à ne former pour l'oreille qu'une accélération continuelle de mouvement sans qu'on remarque les soudures. C'est un effet à étudier.

De cet endroit jusqu'à la fin, la main gauche fait un *trille* de 19 mesures, et alors c'est la main droite qui a le plus difficile à jouer. D'abord, durant les 8 premières mesures, nous engageons à marquer légèrement et vivement la 1ʳᵉ note de chaque quatre ; ce n'est pas pour marquer les temps, nous avons dit assez notre haine pour ce procédé-là, mais c'est que cela forme une espèce de mélodie, qui donne du relief à la longue uniformité de ce passage. Quand la basse prend pour elle ce dessin, ce n'est plus nécessaire, parce qu'il y a un intérêt dans les croches aiguës de la main droite. — Il faut un *diminuendo* plein de délicatesse pour ramener enfin dans son entier, et dans sa simplicité, ce thème unique, cette rare merveille, qui couronne dignement un chef-d'œuvre.

SONATE EN LA BÉMOL, OP. 110,

DÉDIÉE

A MADEMOISELLE MAXIMILIANA BRENTANO.

PUBLIÉE EN 1823

SONATE, OP. 110.

Moderato cantabile molto espressivo.

Avec « *amabilité*, » écrit l'auteur, qui n'était guère faiseur de phrases, et cette parole dit plus, et mieux qu'une longue analyse.

Rien n'a plus de grâce que ce commencement charmant. Il faut donner ici, au piano l'accent *sombré* que nous demandons pour les *sentiments intimes*, exigés si souvent par le maître dans ce dernier temps. — Les doigts seront bien enfoncés, et se relèveront à peine; les notes glisseront de l'une à l'autre, et le tout sera noyé dans cette vapeur de son, le contraire de la sécheresse, que nous ne savons exprimer que par ce mot ridicule; qui pour nous est le moelleux, la grâce, enfin le *flou* du peintre. — Le pianiste qui aura acquis cette qualité, nous ne disons pas de son, MAIS DES SONS, attendu qu'il s'agit surtout de la manière de les enchaîner les uns dans les autres, ce pianiste saura exprimer, toutes les nuances les plus délicates du sentiment. — Nous ne saurions trop insister sur ce point; la qualité du son compte pour autant que le phraser.

Dans les instruments, le son, c'est l'âme. — Un chanteur avec une mauvaise voix, peut être très-grand par l'accent, et grâce à lui, un mauvais son communiquera pourtant l'émotion; — en fait d'instrument, cela ne se scinde pas. — Ici le son contient l'accent, il ne fait qu'un avec lui.

La distinction apparaît surtout si nous jouons un piano détestable; il sera dans les mains d'un pianiste habile tout différent — dès les 1res notes, il le transformera si bien qu'on ne le reconnaîtra peut-être pas. Alors le mauvais instrument, c'est une mauvaise voix qu'on corrige à force de talent; mais il y a plus encore, il y a la beauté de notre son à nous, notre son individuel, personnel à nous-mêmes, que nous prêtons pour un instant à ce misérable instrument.

La comparaison est là plus que jamais impossible avec le chanteur, et la division entre nous d'autant plus marquée : sur le mauvais piano, nous apportons tout d'une pièce cette qualité double, que nous ne pouvons pas séparer : beauté du son et accent, — et voilà un instrument pitoyable qui se trouve modifié (plus ou moins naturellement, et dans des proportions qui varient suivant les cas).

Résumons donc : chez le chanteur, il y a le génie d'exécution qui donne l'accent, puis il y a l'appareil vocal, auquel il ne peut presque rien changer. — Chez nous, le son ne fait qu'un avec l'accent, et nous les modifions au gré de notre génie : chaque note doit pouvoir tout exprimer. Donc le pianiste qui tape n'importe comment, en ne faisant que du bruit, n'étudie pas plus l'accent qu'il n'étudie le son, et l'instrument qui fait correctement même toutes les nuances, mais sans accent, manque d'âme, de vie, et n'est rien autre chose qu'une serinette tout bonnement. — Pour tout dire en un mot, le chanteur n'est pas coupable d'avoir une mauvaise voix, et l'instrumentiste est coupable d'avoir un mauvais son. De plus, ce mauvais son est en même temps une absence d'accent.

Chose singulière! on apprécie beaucoup la bonne qualité de son chez le violoniste, le violoncelliste, le clarinettiste, chez tous enfin, et chez le pianiste, on ne s'en inquiète pas du tout. Bien plus, il y a des gens qui prétendent que le son est tout fait sur le piano !

C'est de cette théorie, ou plutôt de cette absence de théorie, que vient la très-juste antipathie de certaines personnes pour cet instrument. Loin de prouver leur mauvais goût, elle en prouve un très-fin : le piano tapoté sans art, avec ses sons aigrelets, décousus et tapageurs, est le frère aîné de la boîte à musique, la plus hideuse des inventions modernes.

Cette question du son ainsi décidée, il faut au commencement de ce morceau, une extrême douceur d'expression, un rhythme qui, loin d'être serré, soit un peu *lâche*, rien de strict dans les valeurs. (Mais tout ceci n'est qu'apparent, et la mesure doit être correcte.) Le point d'orgue de la 4ᵉ mesure contribue à donner certaine incertitude très-poétique au mouvement ; — il prendra plus de stabilité à la 5ᵉ mesure, bien que pourtant les continuelles syncopes de la mélodie lui donnent quelque chose de vague et d'indéfini, ce qu'augmente encore la brisure du rhythme établi. = A la 12ᵉ mesure, le grand trait qui commence alors, pour durer 8 mesures est d'une légèreté aérienne, et constellé de notes brillantes, indiquées par des points, et qu'il faut jeter avec hardiesse et légèreté, sans les marquer autrement. — Il les faut très-distinctes, et pas plus fortes que les autres cependant. = Après 20 mesures, voilà un rhythme piquant dans un passage bien *legato* des deux mains, puis cette phrase s'allonge, s'étend et devient insensiblement d'une grandeur inconcevable, les deux parties s'en allant de leur côté l'une à l'aigu, l'autre au grave, avec une indépendance d'allure, une audace, un dédain du *qu'en dira-t-on*, des plus surprenants. Le *crescendo* doit se faire avec ampleur, les trilles de la basse ne seront pas doucereux, mais se briseront avec violence et les triples *croches* finales seront jetées rapidement. — Alors tout retombe, mais avec majesté et sans hâte. = A la fin de cette 28ᵉ mesure l'agitation arrive, exprimée par des notes entrecoupées, dont l'accent sera vivement senti. = A la 3ᵉ mesure de ce jeu, on se trouve graduellement tout à l'aigu, la passion ira graduellement de même, pour éclater à cet instant sur le dernier accord qui doit être terrible et sec.

Sans transition, bien subitement, à la 34ᵉ mesure, voilà une sorte de récit, dans le *medium*, une plainte touchante de ton tout différent, — il semble d'une passion qui s'est laissée aller à l'emportement, et qui revient à elle, avec regret et douleur. = Le trait suivant, à la 33ᵉ mesure, n'est pas ici un ornement; c'est un surcroit d'expression, il faut y mettre beaucoup de cœur; la *double croche* qui termine la mesure ne se brisera pas, elle se fera onctueusement, en retombant sur la 1ʳᵉ note de la phrase qui commence alors, phrase toute mélancolique de 4 mesures, qui finit dans un complet *legato* par se perdre tout doucement sur le *mi bémol* de la 38ᵉ mesure. — A la 40ᵉ commence un souvenir du thème qui semble avoir peine à revenir tout entier, il essaye toujours et n'achève jamais, c'est mystérieux et flottant = il faut le laisser dans une sorte d'ombre, et donner un accent à la 1ʳᵉ *croche* du dernier temps dans les 47ᵉ et 51ᵉ mesures. = Enfin le motif reparaît complétement, avec une sorte de variation dans la basse, qui sera bien liée et *piano*, et puis reviennent les épisodes du commencement à peu près semblables. Alors s'achève ce beau morceau, durant lequel il faut conserver toujours ce sentiment vague, et indécis, qui lui prête un indéfinissable charme.

Allegro molto.

Les poëtes aiment le contraste.

Ce petit morceau exquis est une merveille de rhythme dans tout ce qu'il a de plus décidé, de plus absolu. Jamais ici il ne sera assez strict. — Le mouvement est immodéré, c'est celui d'un *scherzo* très-vif, et il faut le marquer à l'excès. Les quatre 1ʳᵉˢ mesures jouées ainsi, et bien *piano*, sont un vrai bijou de fraîcheur et de jeunesse; les 4 autres, *forte*, ont une franchise, une résolution, une gaieté, qui enlève. Les 8 premières mesures de la 2ᵉ reprise ont le même entrain, la même animation, et tout à coup la phrase se dénoue avec tant de naturel, que cela semble ainsi, parce que cela ne pouvait être autrement, tant est tout cela, facile, correct et régulier. — C'est d'une grâce simple, et vraiment charmante, cette petite chanson souriante qui sent les fleurs des champs; = il y a quelque chose de si ingénu, de si agreste dans la loyale carrure de ce rhythme, sans arrière-pensée; tant de vivacité, de gentillesse, de charme à la fin, que cela doit, nous semble-t-il, transporter, ravir les plus froids, et les plus indifférents. — Il faut bien se garder d'apporter là du sentiment, on en ôterait les grâces; il faut jouer tout droit, tout uniformément, en observant seulement les accents indiqués. Simplement! simplement!

Le *trio* est un adorable gazouillement, d'une distinction incroyable, il faut, dans les *croches* qui courent sans s'arrêter, une ténuité de son extrême; il n'en faut pas du tout; et lier autant qu'il se pourra, dans un continuel *piano*. — Les basses seront posées sans frappement, et feront comme de petites clochettes. La recherche rare de ce passage fait sa difficulté; il ne tombe pas bien sous les doigts, à cause de son étrangeté, si gracieuse pourtant. Il le faut savoir par cœur pour e pouvoir jouer. Car rien ne doit entraver sa course précipitée, et correctement uniforme.¹

Ce morceau, à dimensions si mignonnes, est tout bonnement un modèle de verve, de perfection, de génie, et l'un des plus précieux joyaux de la royale couronne de maître.

Adagio ma non troppo.

Contrastes par-dessus contrastes : il n'est pas un *adagio* plus désolé que celui-là, et jamais la douleur n'a parlé un langage plus touchant. Ici il faut donner toute son âme, et jeter le désespoir à pleines mains. — Tout est beauté dans ce début. — Le *ré bémol* au 3ᵉ temps de la 2ᵉ mesure est effrayant de profondeur; tout est saisissant; — puis, le récit suspend tout à coup le cours de cette grande phrase, par ses exclamations pathétiques. — Toute cette longue suite de *la*, répétés si souvent, doit avoir une expression *poignante*. — Ces *la* doivent s'enfoncer dans votre cœur. — L'effet dramatique de cette note toujours la même, et pourtant différente à chaque fois, est extrêmement difficile à rendre. S'il n'est pas superbe, il est absurde de répéter ainsi éternellement une note toute seule, — c'est à méditer longtemps. — La phrase *adagio* qui commence au $\frac{12}{16}$ est certainement l'une des plus sublimes qui existent au monde. — Ce rhythme de $\frac{12}{16}$ a par lui-même déjà beaucoup d'attrait. — Assurément en musique, l'éloquence passionnée ne peut pas aller plus loin. — Il n'est pas de mots qui disent comment de telles beautés s'interprètent. On les traduit avec son âme, avec sa sensibilité; on ne les joue pas avec les doigts, on les joue avec le cœur. = Il est impossible, cette page devant soi, de n'être pas ému, et si l'on est ému, on la rendra toujours comme il faut. (Ému en étudiant, car nous sommes convenus de ceci : qu'on ne peut émouvoir les autres, qu'en ayant repris son calme, pour rester maître de soi, et de ses effets.)

C'est dans de tels cas, que l'étude du son est indispensable. Comment reproduire des accents si tendres, avec le cliquetis d'un piano mal joué ? = A la basse, les doigts se doivent soulever à peine pour répéter — et la main droite doit glisser mollement d'une note à l'autre; elle se traîne, cette main droite, et de ce qu'on appelle des *sons attaqués*, il n'en faut pas un seul dans tout l'*adagio*.

Fuga. — Allegro ma non troppo.

La fugue qui commence ici présente cet intérêt que le sujet en est pris dans le motif du 1ᵉʳ morceau de cette sonate. Voici une des grandeurs du grand Beethoven :

Chaque morceau a sa raison d'être justement là où il l'a mis; — on ne pourrait pas transporter le final d'une sonate à une autre sonate. Il y a entre ces différentes parties des liens, des affinités qui n'en font qu'un seul et même tout, magnifique unité, qui fait naître l'admiration, et le respect. — Nous supposons toujours d'avoir affaire à des personnes qui connaissent la fugue : c'est une étude spéciale que la manière de rechercher le sujet, le contre-sujet, n'importe où qu'ils soient, et par-dessus tout d'observer, de conserver les valeurs strictes de toutes les parties à la fois ; ces sortes de tenues étant la plus grande difficulté que présente la fugue. = Celle-ci n'est pas difficile, elle n'est qu'à 3 parties fort simples ; au milieu, reparaît, par un caprice étrange, la phrase sublime de l'*adagio*, encore plus idéale, encore plus saisissante cette fois, dans cette douleur inouïe, qui finit par des notes entrecoupées mollement, sortes de sanglots, qui restent inachevés, et se fondent avec le retour du motif de la fugue, présenté à l'envers, avec une finesse, une verve ravissante. Mais ce retour de fugue s'arrête bientôt et fait place à un *meno allegro* commençant par de simples imitations à rhythmes bizarres. = Bientôt la véhémence s'accroît, les noires se marquent rudement, n'importe où qu'elles soient, et c'est avec les cris de la passion que ce grand morceau s'achève enfin.

SONATE EN UT MINEUR, OP. 111,

DÉDIÉE

A L'ARCHIDUC RODOLPHE D'AUTRICHE,

Cardinal archevêque d'Olmütz.

COMPOSÉE EN 1824.

SONATE, OP. 111.

Maestoso.

Nous voici arrivé, avec cette sublime sonate, à la fin de notre tâche, et à l'œuvre la plus passionnée d'entre toutes ces œuvres, si passionnées chacune.

Celle-ci débute avec une grandeur vraiment effrayante, et commence au comble déjà de la passion. — C'est de la musique de furieux, qui n'est pas faite pour les calmes et les lymphatiques, à moins pourtant qu'elle ne corrige leur tempérament. — On doit, en tout cas, être un peu enragé pour la pouvoir jouer comme il faut.

De plus, il y faut de la force physique, car cette sonate est une explosion continuelle de violence; il y faut une exécution violente aussi, et les organisations débiles ne pourraient pas plus l'interpréter que la comprendre. On ne doit pas être de mince taille pour n'en être pas écrasé. = Le premier morceau est une flamme ardente du commencement jusqu'à la fin, le 1er accord est en feu déjà, c'est difficile à exprimer, parce qu'on n'a pas le temps de se monter, et qu'il faut être monté d'avance; car, si ce début est froid, tout est perdu! C'est le commencement qui imprime à l'œuvre son caractère, et si l'on s'enflamme après, il n'est plus temps. — Il ne faut pas prendre le *tempo* trop large, et il se doit tenir avec une décision vigoureuse. Les notes brèves seront bien brisées, comme aussi les *trilles*, qui ne sont pas là des ornements. On n'a guère le temps de penser à des ornements! Ces *trilles*, sont ici pour ajouter par leur mouvement serré, à l'énergie générale. Dans tout ce morceau, les *piano*, les *pianissimo* même, n'indiquent pas de la douceur, ils sont de la passion concentrée; il faut dans tous ces *piano*-là, que le son soit étouffé; les arpéges des 3e et 4e mesures sont comme un déchirement de l'âme, et la basse dans le saut de 7e, et d'octaves qu'elle répète plusieurs fois et qui est déjà à la 1re note : *mi b, fa*, doit avoir quelque chose de sauvage et d'effrayant.

Si ce début n'est pas saisissant, il est manqué, et toute la sonate est dans ce début.

Donc le *pianissimo* de la 7e mesure sera plein d'anxiété, de feu concentré, mais surtout pas doucereux, et le rhythme se continuera avec la même dureté; car il doit avoir quelque chose d'un peu dur, et cette combinaison de la méchanceté du rhythme, si j'ose dire ainsi, avec le *pianissimo*, est d'un effet encore plus puissant qu'avec le *forte*. Cela cause à l'âme l'impression terrible d'une grande colère exprimée tout bas.

A la 11ᵉ mesure, il faut marquer à l'excès les accents indiqués. — Ici la main droite aura quelque chose de déchirant, et sur le 4ᵉ temps de la 12ᵉ mesure, on fera bien sentir cet accord de 7ᵉ diminuée sur la tonique qui est vraiment sinistre. Ceci se répète par 2 fois. Les *trémolos* suivants, c'est la tempête qui s'annonce (tempête de l'âme, nous n'imitons ni le tonnerre ni les éclairs). Il faut ici prendre un mouvement rapide et un peu désordonné.

La 1ʳᵉ mesure après les deux barres, semble le paroxysme de la rage ; il y a une éloquence inexplicable sur ce point d'orgue venant après deux grosses notes lourdement portées. — Ensuite de ce point d'orgue, la passion gronde sourdement, et puis élève sa voix. = A la 11ᵉ mesure, voici un rhythme furieux : 1ʳᵉ mesure, 2 noires, une 3ᵉ noire pointée suivie d'une croche ; — 2ᵉ mesure, 4 croches, 4 doubles croches et 2 croches ; — 3ᵉ mesure, 4 croches portées, 4 doubles croches, etc.

Ce dessin, c'est le motif gigantesque de ce 1ᵉʳ morceau ; — où qu'il soit, plus tard, il le faut faire saillir avec feu, et c'est déjà lui qui frappait les deux grosses notes avant le point d'orgue, c'est déjà lui qui grondait ensuite sourdement ; c'est lui, toujours lui ; car sous cette apparence tumultueuse, il y a une charpente solidement assise, et strictement construite, et cette charpente invisible dont les œuvres d'imagination les plus hardies ne sauraient se passer, cette charpente, c'est ce qui fait vivre les monuments à travers les siècles.

A la 14ᵉ et à la 15ᵉ mesure, il faut marquer vivement les croches placées à l'aigu ; — les 16ᵉ et 17ᵉ mesures exprimeront une grande douleur, avec un instant d'accablement, et puis l'agitation troublée revient d'une part, tandis que de l'autre, tantôt à la main droite, tantôt à la main gauche, le rhythme se marque violemment.

20 mesures avant la fin de la reprise, voilà pourtant quelques mesures d'une ineffable tendresse, rendue plus touchante à la 3ᵉ et 4ᵉ mesure par les triples croches qui *ne sont pas un trait*, mais une augmentation de sentiment ; mais cette tendresse, c'est une tendresse trop passionnée, c'est une tendresse qu'on sent devoir être capable de tout (si l'on ose dire), c'est la tendresse d'Othello, par exemple.

De suite après revient la fougue et la violence ; — toute cette partie s'achève dans le paroxysme des sentiments les plus désordonnés, et le rhythme frappant implacablement ses lourdes notes, noires et blanches, a quelque chose de fiévreux et d'enragé.

A la 2ᵉ mesure du n° 2, il faut attaquer très-légèrement le *sol* fait en octaves et n'y pas demeurer, afin que l'oreille saisisse bien qu'il est placé sur un temps faible. (Toute note isolée placée sur un temps faible, ou sur la partie faible du temps, se doit jouer ainsi, sans quoi, il semble qu'on joue au frappé du temps, et la mesure reste embrouillée.)

Il nous paraît superflu d'analyser la 2ᵉ partie de ce grand drame, qui reproduit les mêmes épisodes que la première, sauf les contre-temps, à la

10ᵉ mesure après les 3 *bémols*, qui se feront avec beaucoup d'animation et de régularité.

Les 9 dernières mesures, bien que *piano*, devront se jouer sans défaillance aucune, toujours avec le même emportement, mais dans un sentiment concentré.

Ainsi s'achève l'œuvre la plus passionnée qui existe pour le piano, œuvre d'une inexplicable beauté, et que, malgré notre bonne volonté, nous aurons laissée très-inexpliquée....... Il est vraiment des beautés terribles qui ne s'expriment pas, c'est à l'exécutant d'en saisir le génie, et cela reste encore d'une grande difficulté d'interprétation. Ce sont des passions comme celle d'Othello, qu'il faut comprendre et peindre, ce n'est pas là des sentiments vulgaires; à la vérité, s'il n'y a pas beaucoup d'Othello par le monde, il y a encore un peu moins de Beethoven et de Shakespeare !...

Arietta.

Adagio.

Molto semplice cantabile.

Le maître le veut, cette ariette se doit dire avec simplicité, la mélodie en est ravissante; mais l'harmonie est des plus osées, vers la fin de la 1ʳᵉ partie, qui est d'une surprenante grandeur par sa viduité; car, après une harmonie très-pleine, somptueuse même, la 7ᵉ et 8ᵉ mesure ont, ce qu'on appelle en composition, une *basse faible*, ce qui est loin d'être une beauté; et par un mystère de l'art, cette basse faible, cette basse vide, est ici d'une incomparable grandeur. Le n° 2 est plus extraordinaire encore, la 2ᵉ partie est aussi plus charmante, c'est d'un sentiment tendre, fin, exquis, et tout à coup les proportions grandissent, cela finit avec pompe et dans une suprême beauté.

C'est une merveille que cette ariette; le rhythme en est piquant et curieux, et ne se rencontre pas tous les jours. Cette mesure prête aux variations, celles-ci sont des combinaisons de toutes sortes :

1ʳᵉ *variation.*

La 1ʳᵉ est en *doubles croches* dont la 3ᵉ, toujours liée, faisant syncopes, est d'un effet neuf et charmant; durant ce temps, la main droite dit une mélopée pleine de poésie, et le rhythme brisé du $\frac{9}{16}$ lui donne un attrait extrême et un vague tout particulier.

Il y faut une expression très-suave, un *legato* complet et un *pianissimo* continuel.

2ᵉ *variation*.

Cette mesure est difficile, surtout en ce qu'elle est annoncée comme mesure composée à 2 temps, et que, par le fait, c'est à trois temps qu'elle est traitée. Pour la tenir strictement, il faut l'étudier en comptant chaque *double croche* de la *basse*, dire : un, sur la 1ʳᵉ *double croche*, 2 sur la deuxième et recommencer un sur la 4ᵉ, ainsi de suite, comme cela, en allant par deux, la difficulté disparaît.

Il faut la rhythmer avec beaucoup de verve et de rectitude.

3ᵉ *variation*.

$\frac{12}{32}$ — Voilà une mesure composée à 4 temps cette fois, qui est encore traitée à trois; ce seraient des difficultés inextricables si l'on ne prenait le parti de traiter chacun des groupes comme faisant mesure entière. Donc, on comptera 4 *doubles croches* par groupe, comme il y en a trois, on arrivera au chiffre 12. — Mais si l'on voulait compter à 4 ou à 3 temps, on en viendrait à un désordre impossible, voici pourquoi : 1° il serait parfaitement illogique de compter à 3 temps une mesure écrite à 4, cela rentre dans un ordre d'impossibilités qui n'ont pas besoin d'être discutées; 2° si on veut battre cette mesure à 4 temps, ainsi qu'elle est écrite, on trouve 3 *triples croches* par temps, donc le 2ᵉ temps tombe à la 3ᵉ *triple croche* du 1ᵉʳ groupe, le 3ᵉ à la 2ᵉ du 2ᵉ groupe, le 4ᵉ à la 2ᵉ *triple croche* du 3ᵉ groupe ; c'est un véritable gâchis. — La 2ᵉ partie est bien plus plus difficile encore à cause des notes brèves, non répétées, qui se multiplient et doivent être strictement à leur place ; or, faire tomber une note justement sur une note brève, qui se répète, quand celle-ci ne se répète pas, est très-difficile et demande la plus grande attention. La combinaison de cette variation ne laisse pas, alors qu'on l'étudie, que de casser la tête un peu. Nous espérons en diminuer les complications par cette manière de compter.

4ᵉ *variation*.

Ici nous rentrons dans la mesure primitive et les embarras sont passés. Il n'y a plus que des combinaisons de *triolets* extrêmement simples. — Comme le mouvement est lent, on fera bien, toutefois, de continuer à diviser en 3 *doubles croches* par temps; on sera plus sûr d'éviter toute erreur, et d'aller correctement. — 10 mesures avant les 3 *bémols* à la clef, le rappel du thème à la basse, *do*, *sol*, *do*, tombera comme une bombe, et se répétera 4 mesures plus loin : *fa, si, si,* imité les 2 fois par la main droite. Le *trille* sera bien limpide et glissera comme une eau claire, sans participer à ces péripéties.

A partir de ce moment, arrive, pour durer 25 mesures, une période qui est une merveille de beauté. — Cela commence sitôt après les 3 *bémols* posés à la clef. — C'est d'abord une phrase exquise à l'aigu, puis des plaintes d'une douceur infinie, répétées par la basse. — Il faut donner un accent de tendresse, aux notes marquées par deux, et porter avec suavité celles qui sont isolées, et surmontées de points. — Les harmonies se succèdent rapidement, et toujours reviennent les notes marquées par deux *fa, si, si,* souvenir lointain d'un chant évanoui.

Pourtant l'imitation est plus pressée, l'intérêt est saisissant, le rhythme est à chaque note ; le *crescendo* monte, et tout à coup il semble qu'un voile se déchire : c'est le thème lui-même qui apparaît glorieusement comme un astre, car c'est aussi beau, aussi émouvant que le plus radieux lever du soleil.

Ce thème grandiose, offert de cette façon, avec cet éclat, cette pompe, ce précédent magnifique, ce cortége de *triolets* qui le suit et l'accompagne, ce thème électrise l'âme, l'élève vers les hautes régions, et par une divination du génie, le poëte ne conclut pas alors, il conduit ce chant à l'aigu, l'accompagne là d'un *trémolo* de finesse exquise, qui a quelque chose de surnaturel, et l'œuvre se termine, non pas en finissant, mais en se perdant dans les nuages de l'idéalisme et du *pianissimo*.

FIN.

Ici se termine cette longue série de chefs-d'œuvre, — ici se termine notre lourde tâche. — Combien de fois, tout en l'accomplissant, n'avons-nous pas été confus de notre insuffisance, de notre faiblesse, devant ces monuments de l'art qui nous écrasaient de leur suprême grandeur ! — Ceci explique des exagérations de langage, qui ont pu nous échapper malgré nous. — Si l'on écrit tout au courant de la plume, le cœur ému, on ne pèse plus ses paroles suffisamment, d'ailleurs l'amplification n'est pas étrangère aux commentateurs, passionnés d'ordinaire par leur héros. — Le nôtre en vaut la peine, et nous avouons que, durant ce travail, notre admiration, notre culte a été grandissant. — Pour les expressions inusitées, non admises même, et qui sembleraient viser à l'effet, nous invoquerons, comme excuse, la difficulté d'expliquer des choses de pure imagination. — Nous avons recherché les couleurs voyantes, fussent-elles même criardes, non pas que nous les préférassions, mais afin qu'elles fussent mieux vues. — Les mots baroques font image, précisément par leur étrangeté. — Nous avons cru qu'il valait mieux n'être pas aussi académique, et être bien compris, et souhaitons, maintenant, qu'on pardonne les fautes du traducteur.

ERRATA.

Ligne 4, page 4.

Peut-être nous sommes-nous prononcé d'une manière trop affirmative quant à l'étymologie qu'on prête au *trio*. Les avis sont très-partagés, et la certitude n'existe nulle part, pas même chez les plus doctes, chez les plus érudits : quelques-uns veulent que dans les 1res pièces instrumentales cette partie n'ait été jouée que par 3 musiciens. Sous Louis XIV, chaque morceau orchestral était suivi dans les concerts d'une petite pièce de chant écrite *à trois parties;* ne serait-ce pas encore une origine? D'autres supposent que le menuet étant composé de 2 parties et celle-ci formant la troisième, son nom a pu venir de là.....

Aucun auteur, jusqu'ici, n'a tranché la question; c'est là ce que nous avons tenu à constater.

TABLE DES MATIÈRES.

	PAGES.
AVANT-PROPOS	V
Quelques mots sur la musique instrumentale et sur la musique de piano en particulier	VII
De la manière d'employer les pédales	XIII
SONATES	3
Trois sonates, op. 2, n° 1, fa mineur	7
— — n° 2, la majeur	11
— — n° 3, en ut majeur	16
Grande sonate, op. 7 en mi bémol	25
Trois sonates, op. 10, n° 1, en ut mineur	33
— — n° 2, fa majeur	36
— — n° 3, en ré majeur	38
Grande sonate pathétique, op. 13 en ut mineur	47
Deux sonates, op. 14, n° 1, mi majeur	53
— — n° 2, sol majeur	55
Grande sonate, op. 22 en si bémol	61
— — op. 26 en la bémol	69
Deux sonates, op. 27, n° 1, en ut dièse mineur	77
— — n° 2, mi bémol	80
Sonate en ré, op. 28 en ré	87
Deux sonates, op. 31, n° 1, sol majeur	93
— — n° 2, ré mineur	96
Sonate, op. 33 en mi bémol	103
Andante, op. 35	109
Deux sonates, op. 49, n° 1, sol mineur	113
— — n° 2, sol majeur	114
Grande sonate, op. 53 en ut majeur	119
Sonate, op. 54 en fa majeur	127
Grande sonate, op. 57 en fa mineur	131
Sonate, op. 78 en fa dièse majeur	139
Sonate, op. 79 en sol	143
Les adieux, l'absence, le retour, sonate dramatique, op. 81	149
Sonate, op. 90 en mi mineur	147
Sonate, op. 101 en la majeur	163
Grande sonate, op. 106 en si bémol	173
Sonate, op. 109 en mi majeur	185
Sonate, op. 110 en la bémol	193
Sonate, op. 111 en ut mineur	204

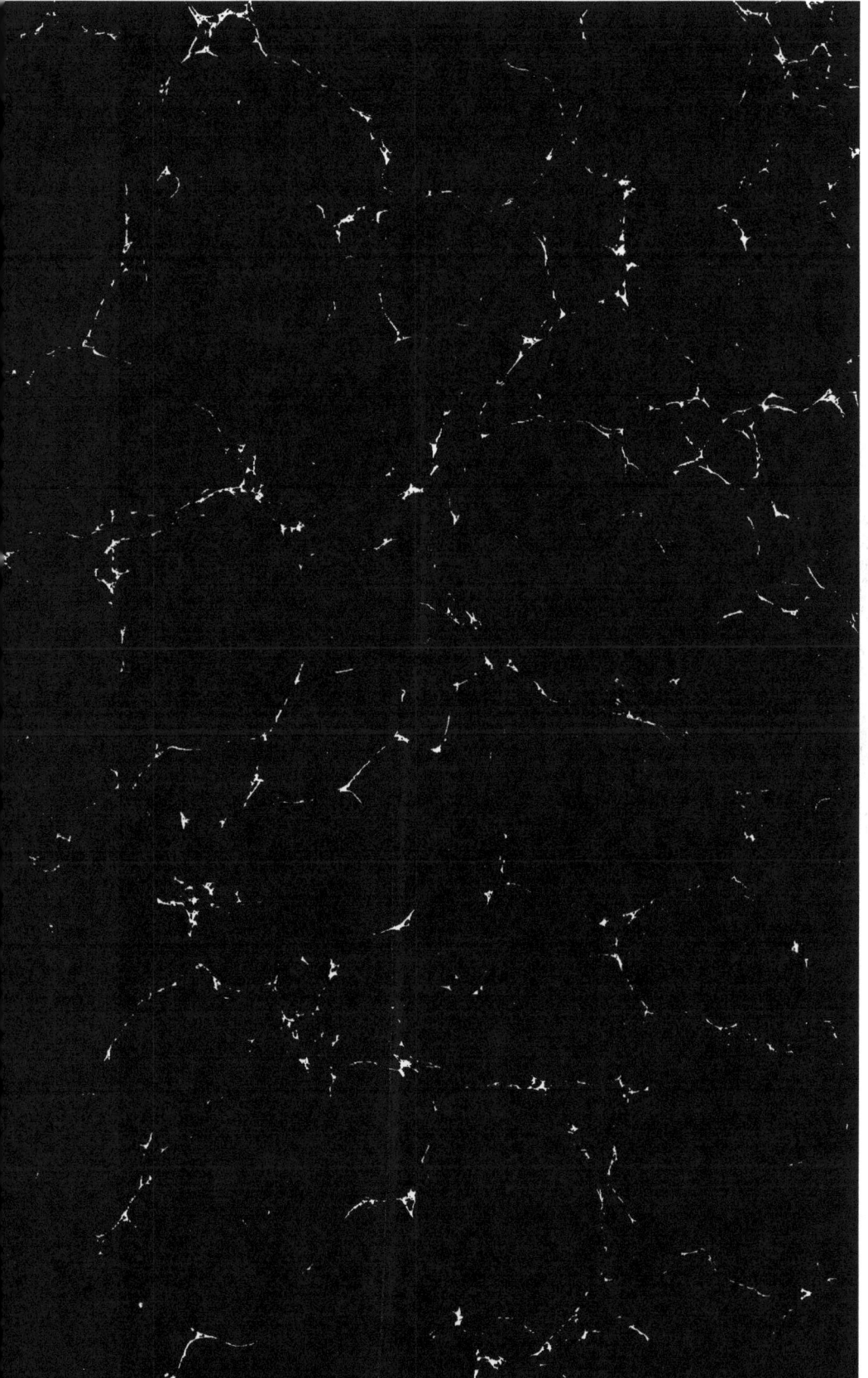

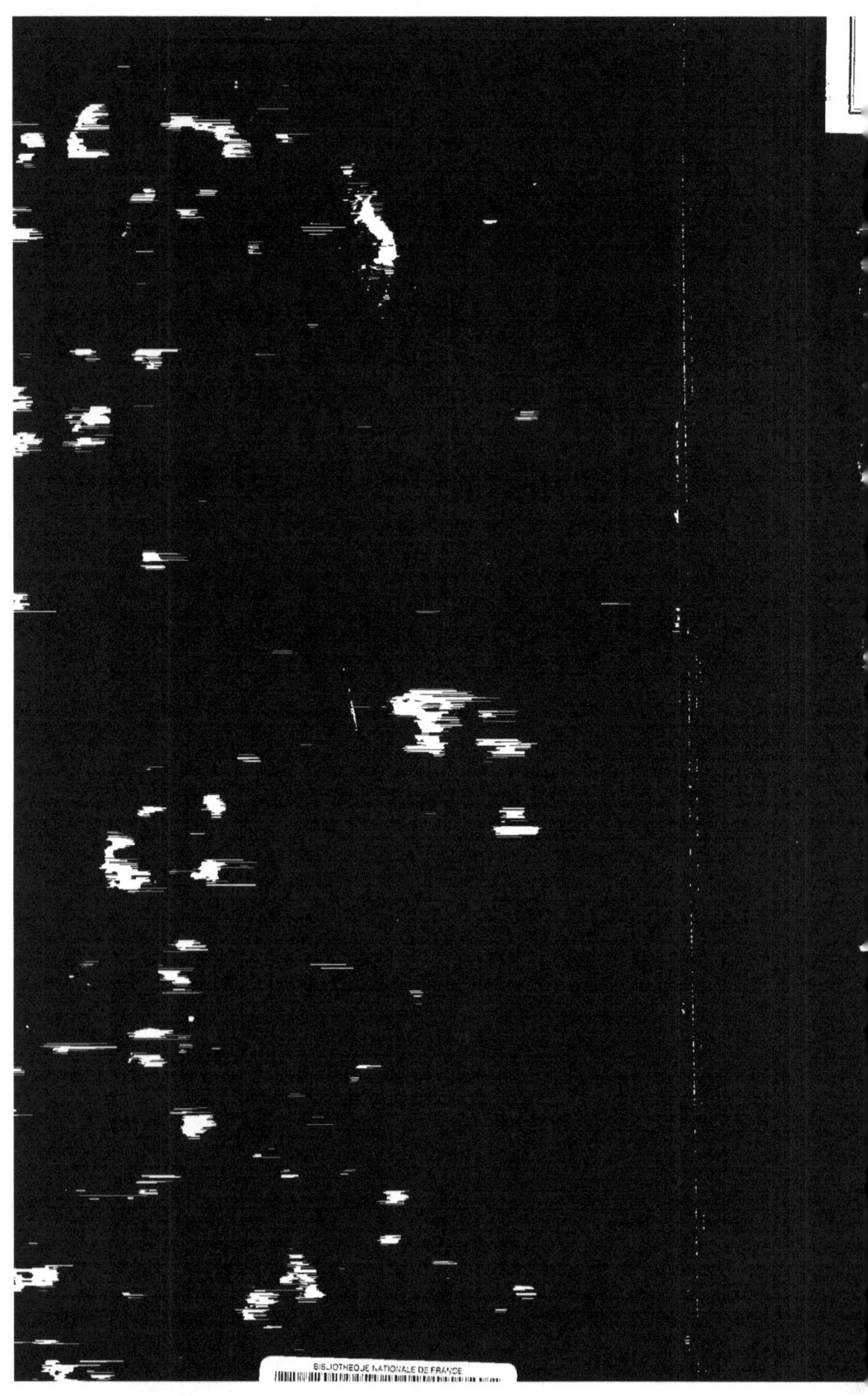

www.ingramcontent.com/pod-product-compliance
Lightning Source LLC
Chambersburg PA
CBHW071909160426
43198CB00011B/1235